CORRESPONDANCE

DE

TALLEYRAND AVEC LE PREMIER CONSUL

PENDANT LA CAMPAGNE DE MARENGO

PUBLIÉE PAR

Le Cte BOULAY DE LA MEURTHE

(Extrait de la *Revue d'Histoire diplomatique*)

Avril 1892

CORRESPONDANCE

DE

TALLEYRAND AVEC LE PREMIER CONSUL

PENDANT LA CAMPAGNE DE MARENGO

PUBLIÉE PAR

Le Cte BOULAY de la MEURTHE

———

(Extrait de la *Revue d'Histoire diplomatique*)

Avril 1892

CORRESPONDANCE

DE

TALLEYRAND AVEC LE PREMIER CONSUL

PENDANT LA CAMPAGNE DE MARENGO

PUBLIÉE PAR

Le Cte BOULAY DE LA MEURTHE

(Extrait de la *Revue d'Histoire diplomatique*)

Avril 1892

CORRESPONDANCE
DE TALLEYRAND AVEC LE PREMIER CONSUL

PENDANT LA CAMPAGNE DE MARENGO

Le général Bonaparte partit pour l'armée dans la matinée du 6 mai 1800; le 3 juillet il était déjà de retour à Paris. Cette absence, qui a duré deux mois à peine, avait été annoncée comme plus courte encore : on avait d'abord parlé de quinze jours. Il y avait en effet une hardiesse évidente à laisser dans une sorte d'abandon un gouvernement nouveau, mal assis, et dont le principal soutien reposait sur la volonté et le talent personnel de son chef. Les partis politiques étaient prêts à remuer, des complots s'ourdissaient, et la guerre civile n'attendait peut-être que la vue d'une escadre anglaise pour se ranimer en Normandie et en Bretagne. Il avait fallu une succession de nouvelles rassurantes sur l'état de la France, pour engager Bonaparte à donner quelques semaines de plus aux soins de tout genre qui le retenaient en Italie.

Pendant cette rapide campagne, la diplomatie n'avait pu jouer qu'un rôle subordonné. C'était même son impuissance qui avait rendu nécessaire la continuation de la lutte. Les offres de paix faites publiquement par le P. Consul au lendemain du 18 brumaire, n'avaient pas été admises par les deux cours qui, de fait, restaient seules à perpétuer la Coalition. Le cabinet anglais était décidé à profiter de la guerre, dont il ne souffrait pas, pour ajouter Malte et l'Égypte à son empire colonial et dominer ainsi sur la Méditerranée. Tandis qu'il affamait Malte par un blocus étroit, il avait désavoué la convention d'El Arich, conclue en son nom par les Turcs ses alliés, et prétendait que les troupes françaises remissent l'Égypte entre ses mains, comme une place réduite à capituler sans conditions. Bonaparte allait apprendre à Milan, bien que sans détails certains, que Kléber, enfin désabusé, avait ressaisi les armes et culbuté les hordes du Grand vizir qui s'exposaient à ses coups. L'autre puissance ennemie, l'Autriche, jalouse d'étendre sa suprématie sur tous les pays italiens, travaillait même, en s'appropriant le Piémont, à reculer jusqu'au pied des Alpes la barrière qui la séparait du sol français. A la vérité, les pourparlers n'étaient pas rompus complètement avec l'Empereur comme ils l'étaient avec le roi d'Angleterre ; toutefois, si des notes continuaient à s'échanger à travers les armées entre Talleyrand et le baron de Thugut, les véritables diplomates étaient désormais les généraux qui manœuvraient dans les vallées du Pô et du Danube. Pour soutenir cette lutte décisive, le P. Consul n'avait dû compter que sur ses propres forces : de bonne heure il avait fallu reconnaître que, sous son gouvernement comme au temps du Directoire, il n'y avait point d'aide sérieuse à obtenir des pays alliés à la République ou assujettis à son influence. C'était l'Espagne, dont la flotte restait enfermée dans la rade de Brest, et qui éludait tous les plans d'opérations maritimes contre les Anglais, ou ne montrait un peu de bon vouloir que pour des affaires secondaires, telle qu'une entente entre la France et le Saint-Siège. C'était la Batavie qui, gênée dans son commerce, menacée dans ses colonies, froissée dans son sentiment national, marchandait des renforts exigés militairement par le P. Consul. C'était la République helvétique, où l'esprit de faction troublait le gouvernement, mais où les partis étaient tacitement d'accord pour réclamer la retraite complète de nos troupes. Maintenir la direction de la France sur ces pays et en tirer avantage, était à peu près l'unique politique qu'eût à suivre de ce côté le ministre des relations extérieures. La seule négociation ayant une portée générale qui fût offerte à son habileté, se faisait alors avec la Prusse. Berlin était devenu un centre de conversations diplomatiques, depuis que Bonaparte, essayant à son tour de tirer parti de la monarchie qui avait conclu le premier traité avec la Révolution française, avait indiqué les bases d'un concours à fournir par le cabinet prussien. Ce concours, il ne le demandait pas à l'égard des deux puissances qui aujourd'hui nous faisaient la guerre : il savait que la Prusse, toujours rivale de l'Autriche, ne serait pas écoutée à Vienne, et que sa voix ne serait pas assez retentissante pour arriver jusqu'à Londres. S'il réclamait l'entremise prussienne, c'était à l'égard d'un souverain qui, hier encore, s'était mesuré contre nos troupes, mais qui, déçu dans ses rêves et blessé dans son orgueil, s'éloignait ouvertement de la Coalition, après en avoir été le plus redoutable associé. Le service le plus opportun que la Prusse fût en demeure de rendre au P. Consul était de ramener vers lui l'humeur mobile et fantasque de Paul I", et par ce rapprochement de commencer le rétablissement de la paix générale. Le pouvait-elle? En tout cas, elle ne semblait pas le vouloir. Tout indiquait que cette puissance cauteleuse s'étudiait à la fois à se faire valoir et à ne point se compromettre, et que son attitude, au fond malveillante, se réglait d'après les progrès des armées françaises.

Cependant la certitude que la diplomatie la plus efficace se faisait alors sur le champ de bataille, n'empêchait pas Bonaparte de suivre avec une attention soutenue les divers incidents qui se passaient au dehors. Les traits de ce tableau changeant lui arrivaient sans cesse de Paris. De même que les consuls Cambacérès et Lebrun étaient tenus d'envoyer des lettres journalières sur les affaires intérieures de la France, Talleyrand avait dû promettre des nouvelles aussi abondantes sur nos relations avec les cabinets de l'Europe. Le ministre se relevait lentement d'une maladie dont il souffrait depuis un mois : avec cette santé affaiblie, il avait apporté néanmoins dans ses informations un zèle qui était peut-être sincère, et une régularité qui assurément ne lui était pas habituelle.

Cette correspondance si fréquente n'a pas été perdue pour l'histoire ; mais jusqu'ici elle n'a été ni signalée ni soumise au public. On la chercherait vainement dans le recueil récemment imprimé des lettres de Talleyrand à Napoléon et qui est maintenant conservé aux Affaires étrangères [1]. Si elle manque dans les deux

---

[1] Ce recueil ne contient que deux lettres de Talleyrand de l'an VIII : la pièce n° I, et la pièce n° IV (avec son annexe) qui est datée par erreur de l'an IX. —

volumes manuscrits de ce recueil, c'est qu'elle est demeurée à sa place véritable, au milieu des papiers du cabinet impérial. Lorsque, au mois d'avril 1814, M. de Villers reçut de Talleyrand, alors chef du gouvernement provisoire, la mission secrète d'enlever sans bruit au Louvre, dans les archives de ce cabinet, les lettres adressées par le ministre à l'empereur, il ne sut mettre la main que sur les liasses désignées spécialement pour les contenir[1]. Il ne poussa pas plus loin ce travail superficiel de découverte. Obligé de le faire par lui-même, n'ayant ni aide ni lumières à attendre de M. Bary, le gardien discret et fidèle de ce dépôt, il ne s'avisa pas qu'une petite liasse de l'an VIII, sans doute moins apparente, lui faisait défaut; et que d'autres pièces, de toutes dates, pouvaient être dispersées dans les dossiers des affaires auxquelles elles avaient rapport. C'est ainsi que la correspondance écrite pendant la campagne de Marengo a échappé presque entière au déplacement furtif qui, en 1814, ramena les lettres de Talleyrand sous les yeux de leur auteur, et au triage adroit qui opéra alors de nombreuses destructions. D'autre part, Talleyrand, rassuré par la suppression de tant de conseils devenus compromettants qu'il avait signés de son nom, oublia ou négligea de prescrire des recherches semblables dans le ministère où sa fortune avait grandi longtemps à côté de celle du maître, vaincu et détrôné, qu'il reniait aujourd'hui. Là aussi quelques ébauches de lettres particulières restaient mêlées aux documents diplomatiques ; et, par un hasard assez étrange, c'était un cahier de minutes[2] renfermant en partie ce que Talleyrand avait écrit pendant le printemps de 1800, qui formait le meilleur débris de cette correspondance personnelle du ministre. Cinquante-deux pièces ont été ainsi rassemblées. Elles n'ont pas toutes la forme de lettres ; mais celles qui sont rédigées comme de simples bulletins, appartiennent au

---

Quant à la pièce n° II, qui est donnée comme de l'an VIII, elle appartient certainement à l'année suivante.

[1] Nous avons raconté plus en détail la mission de M. de Villers, dans le *Bull. de la Soc. de l'Histoire de Paris* (t. XVI, p. 71).

[2] Ce cahier, de la main de Durant, qui était alors chef de la 1re division, se trouve dans le vol. *France* 656.

même ensemble et ne pourraient en être détachées. Il a paru à propos d'y joindre un rapport, remis par Talleyrand au moment du retour de Bonaparte et qui, laissant à part l'Autriche et l'Angleterre, résume les relations de la République avec les autres cours de l'Europe. Quelque longue que soit cette série de documents, nous avons l'espérance qu'elle ne sera pas inutile aux historiens. C'est en voyant de près quelle était alors la situation extérieure de la France qu'on pourra mieux apprécier cette campagne de Marengo, qui, dans la longue série des guerres du Consulat et de l'Empire, a été non seulement une des plus glorieuses, mais peut-être la plus féconde en résultats pour la diplomatie.

Cte BOULAY DE LA MEURTHE.

I.

État du Département des relations extérieures, du 14 au 17 floréal (4 à 7 mai).

Suède. — Point de lettres de Stockholm. La nomination du cit. Félix au Tribunat laisse vacante le commissariat général des relations commerciales en Suède [1]. J'attendrai le retour du Premier Consul pour lui proposer d'y nommer, d'autant plus qu'il est utile de connaître l'effet des ouvertures qui ont eu lieu à La Haye entre M. de Löwenhielm et le cit. Sémonville pour le rétablissement des relations politiques entre les deux États [2].

Danemark. — Le cit. Désaugiers [3], chargé d'affaires de la Répu-

---

[1] M. Félix-Beaujour, ne s'était pas rendu à ce poste, qui lui avait été confié l'année précédente et qui continuait à être occupé par M. Delisle. Il venait d'être nommé au Tribunat, le 28 avril. — Les relations de la République avec la Suède, très relâchées depuis plusieurs années, se trouvaient interrompues de fait par le rappel du chargé d'affaires suédois, le baron Brinckmann, qui avait quitté Paris en janvier 1800.

[2] En apprenant ces pourparlers avec l'envoyé de Suède à La Haye, Talleyrand avait recommandé (le 7 mars) à M. de Sémonville de tâcher d'y donner suite.

[3] M. Désaugiers, premier secrétaire, était devenu chargé d'affaires depuis le départ de M. Grouvelle, qui avait eu son audience de congé le 18 décembre. Il se faisait appeler Désaugiers l'aîné, pour se distinguer de son frère, second secrétaire à la même légation.

blique, écrit en date du 25 germinal (15 avril), qu'on travaille en Russie à l'armement de douze vaisseaux, mais qu'il paraît certain que cette escadre n'a point d'autre objet que de croiser dans la Baltique, comme dans les années précédentes ; qu'en Suède tout est calme et que la Diète ne fait rien qui ne soit conforme au vœu du Roi.

Hambourg. — Le cit. Bourgoing[1] mande, en date du 8 floréal (28 avril), que Dumouriez, partant de Pétersbourg[2], a reçu d'assez fortes sommes d'argent ; qu'on saura pour quel objet, à son arrivée à Hambourg, c'est-à-dire dans les premiers jours de mai ; qu'il ne serait peut-être pas impossible de le rapprocher du gouvernement actuel de la République.

Si le Premier Consul m'y autorise, je répondrai au cit. Bourgoing que, quoiqu'il n'y ait aucun fond à faire sur Dumouriez, il pourrait convenir de lui faire faire indirectement quelques insinuations pour connaître, et ses dispositions personnelles, et ce qu'il aura pu apprendre de celles du cabinet de Pétersbourg.

Prusse. — Le Premier Consul ne m'a point fait remettre avant son départ les nos 31, 32 et 33[3] de la correspondance du général Beurnonville[4], que je lui avais adressés.

Le no 34, en date du 6 floréal (26 avril), porte : que M. de Haugwitz s'est montré satisfait de l'explication donnée par rapport à Huissen[5]. — Que, sur les nouveaux développements donnés par le général Beurnonville aux propositions du Premier Consul, M. de Haugwitz a répondu que nos ouvertures n'étaient point négligées, et que le Roi les considérait comme un très grand pas vers la paix ; que si l'on avait déclaré que le plus sûr moyen de réussir était de conserver l'intégrité de l'Empire, c'est qu'on avait la certitude que tel était le vœu de la Russie dont le concours était nécessaire ; que cependant, quoique nous n'eussions pas déterminé d'une manière précise la limite à laquelle nous

[1] M. Bourgoing avait été nommé, en décembre 1799, ministre plénipotentiaire en Danemark. Il arriva à Hambourg le 24 mars 1800, y séjourna plusieurs mois en mission temporaire, et repartit le 19 août pour Copenhague.

[2] Dumouriez s'était rendu, en janvier, à Saint-Pétersbourg, pour soumettre un de ces plans que son esprit fertile en intrigues était toujours prêt à imaginer, même contre la patrie. Reçu par Paul Ier, qui fit d'abord mine de l'écouter, il avait reçu, le 15 avril, l'ordre subit de se retirer. Sur son passage il s'était arrêté à Mitau et y avait vu Louis XVIII. Il était revenu à Altona le 1er mai.

[3] Dépêches chiffrées, des 25, 29 germinal et 2 floréal (15, 19 et 22 avril).

[4] Le général de Beurnonville, nommé envoyé extraordinaire et ministre plénipotentiaire au commencement de décembre 1799, était arrivé à Berlin le 20 janvier 1800.

[5] Une transaction du 5 janvier 1800 ayant réglé les limites entre les républiques française et batave, Huissen avait été attribuée à cette dernière. Elle était revendiquée par la Prusse.

consentions, on n'en a pas moins pressé vivement une réponse du cabinet de Pétersbourg à la communication qui lui a été donnée. — Que M. de Haugwitz confirme la décision du tsar de se renfermer dans une neutralité absolue, et sa conduite[1] envers les ministres d'Angleterre et d'Autriche.

En répondant aux derniers n°˙ du général Beurnonville par ma lettre de ce jour, 17 floréal (7 mai), je lui observe : que nous ne pouvons regarder la communication donnée par M. de Haugwitz à la cour de Vienne des ouvertures que nous avions faites à la Prusse, que comme un témoignage de peu de bienveillance et de bonne disposition ; qu'elle nous rappelle celle du même genre qui eut lieu quelque temps avant la conclusion du traité de Campo-Formio, et dont M. de Thugut eut soin de faire mettre alors la preuve sous les yeux des négociateurs français, et qu'il serait utile que l'envoyé de la République, au lieu de rester toujours sur la défensive vis-à-vis du ministre prussien, tirât au moins parti de ses indiscrétions malveillantes pour récriminer contre lui.

J'ajoute dans ma lettre qu'il doit aussi nous paraître étrange que M. Ephraim[2], qui n'a aucun caractère et qui ne jouit pas d'une bonne réputation, soit toujours mis dans la confidence de ce qui nous concerne, même lorsqu'il s'agit des plus importants objets; que nous doutons qu'il fût ainsi appelé en tiers dans ce qui regarde la Russie, l'Autriche ou l'Angleterre; et que c'est une inconvenance sur laquelle il est bon de s'expliquer quand on en trouvera l'occasion.

Je mande au général Beurnonville que le Premier Consul est parti pour l'armée de réserve, mais que son absence ne sera que d'une quinzaine de jours.

Dresde. — J'ai écrit au cit. Lavalette[3], avant-hier, 15 (5 mai). Je lui ai annoncé le départ du Premier Consul et la durée de son absence. Je l'ai mis au courant de nos rapports actuels avec le Nord et l'Allemagne.

Francfort. — Par sa lettre du 4 floréal (24 avril), le cit. Bacher[4] mande que depuis que les troupes françaises cantonnées entre Mayence et Francfort, ont repassé sur la rive gauche du Rhin et filé vers Strasbourg, M. d'Albini a paru moins empressé de négocier en faveur de l'électeur de Mayence une neutralité semblable à celle dont jouit le landgrave de Hesse-Darmstadt ; enfin que, depuis qu'il se croit assuré

---

[1] Elle faisait présager une rupture avec ces deux puissances.
[2] Agent officieux de M. de Haugwitz.
[3] M. de Lavalette était arrivé à Dresde le 16 février. D'après ses instructions (*Mém. de Lavalette*, t. II, p. 389) il devait surtout recueillir des renseignements militaires.
[4] M. Bacher remplissait une mission semblable d'observation.

que le théâtre de la guerre s'est éloigné du Mein, il n'a plus fait aucunes démarches pour donner suite aux ouvertures très pressantes qu'il avait fait faire, dans le temps où l'électeur se croyait à tous moments menacé de l'invasion des troupes françaises.

Le cit. Bacher transmet plusieurs pièces, dont je joins ici les plus intéressantes [1].

La Haye. — Les lettres du cit. Sémonville [2] arrivées hier ne roulent que sur des objets particuliers.

Conformément aux intentions du Premier Consul, j'ai rappelé au cit. Sémonville, par ma dépêche du 15 de ce mois (5 mai), combien nous avions droit de nous plaindre de la conduite du gouvernement batave; comment, à mesure que nous nous montrions voisins plus sages, alliés plus bienveillants, nous éprouvions de la part des Bataves plus de froideur et de tracasseries, plus de résistance aux efforts demandés par la cause commune.

J'ai prévenu l'envoyé de la République, que le général Augereau avait reçu du Premier Consul l'ordre [3] de réclamer impérieusement la complète exécution des traités par rapport à l'entretien de l'armée française, et qu'il entendait que le cit. Sémonville appuyât de toute l'énergie de ses démarches, celles du général en chef.

II

Paris, 19 floréal (9 mai).

Général, j'ai l'honneur de vous transmettre l'état de la correspondance extérieure de mon département, du 17 au 19 floréal (7 à 9 mai) [4].

Le consul Cambacérès ayant fait connaître aux ministres étrangers qu'il désirait les recevoir avant-hier 17 (7 mai), suivant l'usage établi

---

[1] Notes sur les corps auxiliaires soldés par l'Angleterre en Allemagne.
[2] M. de Sémonville était arrivé le 16 janvier à La Haye, comme ministre plénipotentiaire.
[3] *Corr. de Nap.* n° 4734. — Le général Augereau commandait les troupes françaises en Batavie (cf. *Corr.* n°s 4641 et 4703).
[4] Cet état ne nous est pas parvenu. Nous en avons quelques notions par la réponse du P. Consul, datée de Lausanne, 24 floréal (14 mai) : « Je reçois votre lettre du 19 floréal (9 mai). Je vous ai renvoyé approuvé le rapport que vous m'avez fait sur les moyens de rétablir la paix avec les Puissances barbaresques. Il vaut mieux que le cit. Walkenaer soit ambassadeur à Madrid que directeur à La Haye : d'ailleurs une trop grande importance envers ce particulier serait ridicule » (inédit. — Cette dernière phrase se réfère à des démarches faites par Talleyrand auprès du gouvernement batave pour obtenir le rappel de M. Walkenaer, dont l'attitude en Espagne semblait hostile à la France.

par vous [1], l'audience a eu lieu dans la salle des ambassadeurs. Elle a été plus longue qu'à l'ordinaire, parce que la conversation n'ayant point roulé sur des objets politiques, elle s'est portée sur des objets d'art et de curiosité. Le consul Cambacérès a annoncé au corps diplomatique que vous seriez de retour pour la prochaine audience.

III

Paris, 21 floréal (11 mai).

Général, j'ai l'honneur de vous adresser le tableau de la correspondance extérieure de mon département, du 19 au 21 floréal (9 à 11 mai).

C'est le troisième envoi que j'ai l'honneur de vous faire. Vous ne serez point étonné que la correspondance soit aussi brève. C'est maintenant aux succès de la Guerre à ranimer le département de la Paix.

IV.

Extraits de la correspondance extérieure du 19 au 21 floréal (9 à 11 mai).

Berlin, 9 floréal (29 avril). — Ci-dessous l'extrait littéral de la dépêche du cit. Beurnonville : « M. de Haugwitz a été à Potsdam comme il me l'avait promis, mais il ne m'a point encore donné de rendez-vous pour me faire part des intentions du Roi. Je n'ai pas cru devoir en provoquer, d'autant plus que son courtier [2] m'a prévenu avant-hier que nous aurions incessamment, M. de Haugwitz et moi, des entretiens sérieux et efficaces. Il m'informa aussi que M. de Krüdener [3] venait de recevoir ses lettres de créance, et devait avoir son audience du Roi dans quelques jours. Il borna là ses communications ; mais après m'avoir quitté, il dit au cit. Bélair, mon premier aide de camp, que la paix ne pouvait tarder ; que Paul I s'était expliqué sur les limites à donner à la France et à l'Autriche, et que la Prusse était à peu près d'accord avec lui sur ce point ; qu'on accordait à l'Autriche le pays vénitien et Mantoue seulement ; que la France aurait la Savoie, le Comtat-Venaissin, Mulhouse, la Belgique, les pays et villes de Luxembourg, Liège et Maestricht, et tout ce qui lui était nécessaire pour assurer sa frontière du côté de Landau ; et, quant à l'Angleterre, qu'on la forcerait à restituer les colonies dont elle s'est emparée.

---

[1] Le P. Consul recevait le corps diplomatique le 2 et le 17 de chaque mois républicain.
[2] Le banquier Ephraim.
[3] Envoyé de Russie.

« Le même agent est revenu hier chez moi, avec un air tout radieux, m'annoncer que M. de Krüdener avait reçu, avec ses lettres de créance, des instructions très détaillées sur les moyens à combiner ici pour amener la paix entre la France et l'Autriche. Il paraît qu'il y a déjà eu plusieurs conférences entre M. de Krüdener et M. de Haugwitz, et qu'ils sont convenus des bases à adopter. Le tsar est dans l'intention d'appuyer ses propositions, par la formation d'un cordon de troupes sur les frontières des États autrichiens. Il entre aussi dans les instructions de M. de Krüdener de s'occuper de la paix maritime, et il s'agit d'exiger de l'Angleterre la restitution de ses conquêtes. L'agent ministériel m'a ensuite insinué que je devais commencer la discussion par notes, et que tel était l'avis de M. de Haugwitz. Il venait de la part de ce ministre, et devait lui porter ma réponse.

« Je lui ai dit que le Premier Consul ayant fait à M. Sandoz des ouvertures précises[1], et ayant moi-même exprimé ici les intentions du gouvernement français au Roi et à M. de Haugwitz, j'attendais la réponse qu'on m'avait promise, et que cette réponse dirigerait ma conduite ; que, si elle était conforme aux propositions du Premier Consul, ce que je devais supposer d'après leur modération, nous pourrions entrer en matière ; que si au contraire on élevait quelques difficultés, je m'empresserais de reprendre les ordres de mon gouvernement.

« Il semble donc certain, cit. ministre, que Paul I, mécontent des Coalisés dont il a été la dupe, ne demande pas mieux que d'empêcher leur agrandissement, et veut tout à la fois une paix maritime et continentale. La Prusse se montre disposée à agir de concert avec lui. Mais quelles sont les bases définitives sur lesquelles ces deux Puissances veulent asseoir leur plan ? Je ne puis tarder longtemps à les connaître. »

Cette dépêche paraît donner lieu aux observations suivantes :

1° On a toujours peine à comprendre comment dans des affaires aussi graves, M. de Haugwitz, au lieu d'entrer franchement en discussion avec l'envoyé de la République, ne lui fait transmettre, par un agent très secondaire, que des notions ou incomplètes ou exagérées ; premier indice qui empêche de donner foi entière à ce qui a été dit, soit au général Beurnonville, soit à son aide de camp.

2° M. de Krüdener n'ayant pas lui-même joui jusqu'ici d'une grande

---

[1] Dép. de Talleyrand à Beurnonville, du 14 ventôse (5 mars). Le P. Consul, après avoir déclaré qu'il prétendait seulement conserver la Belgique et la frontière du Rhin, avait demandé que la Prusse s'entremît pour détacher de la Coalition la Bavière et surtout la Russie. En récompense, il s'engageait à faire intervenir la Prusse dans le règlement des affaires italiennes, après la campagne qui allait s'ouvrir contre l'Autriche. Cf. Bailleu, *Preussen und Frankreich* (t. I, n° 325).

considération ni d'un crédit réel, on peut hésiter à croire que des négociations aussi importantes que celles qui sont annoncées, lui fussent confiées.

Par conséquent, on doit approuver la sage réserve du général Beurnonville, qui aurait eu grand tort de se rendre aux insinuations de M. Ephraim, et d'entamer une discussion écrite, sur les simples renseignements que cet agent lui avait portés.

Sans doute, la première dépêche du général Beurnonville nous transmettra les communications officielles du ministre prussien, et ce n'est qu'alors qu'on pourra s'occuper d'y répondre d'une manière catégorique [1].

V.

Paris, 22 floréal (12 mai).

Général, j'ai l'honneur de vous adresser copie de la lettre que le cit. Poussielgue m'a écrite de Toulon, en me donnant communication de celle que vous avez dû recevoir de lui [2].

Je n'attends que vos ordres pour l'envoi d'un commissaire à Constantinople ; sa présence m'y paraît d'autant plus nécessaire, que les Turcs semblent parfaitement disposés à le recevoir et que, sous l'autorisation ostensible à laquelle les Anglais et les Russes ne peuvent mettre aucune opposition, le gouvernement turc a déjà montré qu'il aimerait à reconnaître des pouvoirs plus étendus, qui, par la prudence et la réserve d'un commissaire habile et par des circonstances favorables, peuvent être mis à profit pour le rétablissement de nos anciens rapports dans le Levant.

Je préviendrai le ministre de la marine, de la probabilité de l'expédition prochaine d'un parlementaire de Toulon, pour que les préparatifs ne ralentissent pas l'exécution de vos ordres. Je vous prie de me faire con-

---

[1] Voir la réponse du P. Consul à Talleyrand, datée de Lausanne, le 15 mai (*Corr. de Nap.*, n° 4801).

[2] M. Poussielgue, administrateur général des finances d'Egypte, arrivé récemment en France, avait écrit de Toulon le 15 floréal (5 mai). Il mandait aux Consuls que Sidney Smith avait reçu par l'amiral Keith des ordres de Londres, du 17 décembre, déclarant par avance que l'Angleterre ne se prêterait à aucune convention, à moins que l'armée française ne se constituât prisonnière de guerre. M. Poussielgue avait aussitôt averti Kléber, s'était embarqué à Alexandrie, et en route avait appris que la connaissance ultérieure de la convention d'El Arich n'avait pas paru à lord Keith devoir faire suspendre l'exécution des ordres du 17 décembre. M. Poussielgue concluait en conseillant l'envoi immédiat d'un commissaire à Constantinople.

naître sur qui tombera votre choix. Le cit. Descorches¹ me paraît, par son expérience, par la connaissance des localités, par sa circonspection et enfin par le crédit personnel dont il jouit auprès des Turcs, réunir le plus de titres pour obtenir cette marque honorable de votre confiance. Vous jugerez si tous ces avantages ne doivent pas balancer le danger que la réputation personnelle du cit. Descorches et la publicité de ses dernières missions peuvent attacher à sa nomination actuelle. Dans tous les cas, je pense qu'il conviendra de faire partir le commissaire français sous la simple sauvegarde d'un parlementaire et d'un passeport turc ; car des démarches pour obtenir une meilleure garantie ne feront que réaliser un danger incertain, et nous exposer sans fruit à des difficultés et à une perte de temps.

VI

Paris, 25 floréal (15 mai).

Général, j'ai reçu avec les trois lettres en date des 20 et 21 floréal (10 et 11 mai) que vous m'avez fait l'honneur de m'écrire², les dépêches de Berlin et de Vienne dont vous avez ordonné le renvoi, ainsi que le rapport sur les Barbaresques.

J'ai aujourd'hui l'honneur de vous transmettre : 1° l'état de la correspondance extérieure de mon département, du 23 au 25 floréal (13 à 15 mai); 2° le rapport que vous avez désiré sur l'établissement des préfectures dans les pays cédés par le traité de Campo-Formio ³.

Permettez que, pour répondre à l'intérêt que vous avez bien voulu me témoigner, je vous annonce que ma santé va mieux, sans être cependant tout à fait rétablie. Je ne recouvre que peu à peu mes forces et le libre usage de mes membres. Mais, quoique je ne puisse quitter ma chambre encore, je ne suis pas d'un œil moins attentif le cours des évènements ; et, tandis que nos espérances comme nos vœux se portent sur les armées et se fortifient par leurs succès, je remarque qu'au milieu de nous quelques ressorts se relâchent, que les hommes à argent prennent un ton plus hautain, que si l'ensemble des affaires n'éprouve ni changement ni dommage notable, chaque partie paraît languir un peu et que toutes réclament la présence et le génie du chef. C'est assez vous dire combien votre retour est désiré.

[1] M. Descorches avait déjà été désigné, le 5 novembre, pour se rendre en Turquie. Il s'était même embarqué, lorsque, retenu par le vent au mouillage d'Hyères, il reçut la nouvelle de la convention d'El Arich. Sa mission paraissant désormais inutile, il était revenu à Paris.
[2] *Corr. de Nap.*, n°s 4768, 4769, 4770 et 4771.
[3] Les pays allemands de la rive gauche du Rhin. — Le rapport de Talleyrand est conservé aux Arch. nat.

Veuillez me faire savoir, général, ce que je devrai répondre au Conseil des prises, lorsque je serai interrogé par lui sur l'affaire qui va lui être soumise de ce navire hollandais *le Canin-holm* [1], dont vous vous rappelez que vous fûtes si souvent entretenu par le cit. Schimmelpenninck. Exprimerai-je au nom du gouvernement quelque intérêt en faveur des Bataves ; ou, supprimant toute intervention ministérielle, laisserai-je cette affaire à son cours naturel [2] ?

VII.

Correspondance extérieure du 23 au 25 floréal (13 à 15 mai).

Hambourg, 15 floréal (5 mai). — Dumouriez est arrivé à Hambourg avec M. d'Agoult. Il paraît certain qu'ils ont passé par Mitau. Dumouriez cherche à se faire valoir de diverses façons. Aux uns il dit qu'il est destiné à commander une partie de l'armée royale qui doit pénétrer dans les pays méridionaux, aux autres qu'il est chargé d'une mission secrète ; et le fait est qu'il cherche à louer une maison pour six mois dans un des faubourgs de Hambourg.

J'ai écrit au cit. Bourgoing [3] relativement à Dumouriez, dans le sens qu'indique le Premier Consul.

Cassel, 9 floréal (29 avril) [4]. — Tout ce qu'on publie de nouveau des préparatifs hostiles qui auraient lieu en Hanovre, et d'un débarquement de Russes dans la Basse-Allemagne pour attaquer la République batave par la Westphalie, ne mérite aucune attention. Voici un fait qui prouve que les nouvelles déterminations de l'empereur de Russie ont de la consistance.

Lorsque M. de Vioménil [5] se rendit à Londres, il avait avec lui le colonel Liedhorst, qui dit en confidence à un homme en place de Berlin, que non seulement l'armée de Souvorov, qui était alors en Bohême, ne retournerait pas sur le Rhin, mais que le voyage de Vioménil même

---

[1] Ce navire avait été pris par un corsaire français. — Cf. *Corr. de Nap.*, n° 4872.

[2] La lettre de Talleyrand a été reçue par le P. Consul le 19 mai (*Corr.*, n° 4819. Cf. n° 4817).

[3] Dép. de Talleyrand à Bourgoing, du 19 floréal (9 mai). Cf. *Corr. de Nap.*, n° 4777.

[4] L'agent français dans cette ville était M. Rivals, qui avait été nommé le 1er nivôse an IV (22 décembre 1795) ministre plénipotentiaire, peu de temps après le traité qui rétablissait la paix entre la République et le landgrave de Hesse-Cassel.

[5] Émigré français au service de Russie. Il était chargé de commander le corps russe, débarqué dans les îles de Jersey et de Guernesey pour soutenir les chouans de la Bretagne.

n'était qu'une simagrée, puisque l'empereur avait pris la résolution formelle de se séparer de la Coalition et de rappeler les Russes qui étaient à Jersey. Au retour de ce général, le colonel Liedhorst, qui l'accompagnait encore, a confirmé à la même personne ce qu'il lui avait dit, et a ajouté que les tentatives du cabinet du Saint-James seraient désormais sans fruit, tant l'empereur était en garde contre les vues ambitieuses des ennemis de la France.

VIII.

[Vers le 26 floréal (16 mai)].

Berlin, 13 floréal (3 mai). — M. Ephraim ayant dit que le comte de Haugwitz allait s'absenter pour quelques jours, le général Beurnonville n'a pas voulu différer si longtemps à s'assurer de l'importance des communications qui lui avaient été faites par l'agent secondaire. Il a demandé au ministre un rendez-vous, qui a eu lieu le 12 floréal (2 mai).

M. de Haugwitz a commencé par s'applaudir de la marche qu'il avait suivie vis-à-vis l'empereur de Russie, qui, a-t-il dit, vient de tomber entre les mains de la Prusse. Il a envoyé à M. de Krüdener des lettres de créance pour Berlin et pour Dresde. Il lui a donné des instructions pour s'entendre avec la Prusse sur la paix de terre et de mer, et sur la réponse qui est à faire aux propositions du Premier Consul. M. de Krüdener reste à Berlin, et place à Dresde son secrétaire de légation [1]. Il aura audience du roi à Potsdam le 16 floréal (6 mai); et aussitôt après on s'occupera de concilier les vues du Roi et les instructions du Tsar, pour répondre au gouvernement français. On posera des bases; et, si le Premier Consul y accède, on tiendra à l'Autriche un langage ferme. — Le général Beurnonville a répondu qu'on ne pouvait douter des intentions du Premier Consul pour le rétablissement de la paix, et qu'on avait dû apprécier la modération de ses ouvertures.

Dans le reste de la conférence, M. de Haugwitz a témoigné de l'étonnement de ce que, tandis qu'on essuyait des échecs en Italie [2], on n'ouvrait pas la campagne sur le Rhin. Il a dit que le cabinet de Vienne, qui se gardait bien de parler de l'Italie, faisait insinuer qu'il ne continuerait la guerre que pour assurer l'intégralité de l'Empire; d'où il a conclu qu'il ne pouvait être plus avantageux pour la France de s'entendre avec l'Autriche qu'avec la Prusse, puisque la Russie et la Prusse agissant de concert, ont sur l'Autriche cet avantage de pou-

---

[1] M. de Buzov.
[2] Allusion à la campagne de Masséna, qui était prêt à capituler dans Gênes.

voir forcer la paix de mer par le moyen des Puissances maritimes du Nord.

Le général Beurnonville établit qu'il faut attendre que M. de Krüdener ait eu sa première audience du Roi, et qu'il se soit ensuite concerté avec M. de Haugwitz, pour que la négociation puisse s'entamer. Il espère que ces retards n'iront pas plus loin que le 20 de ce mois (10 mai). Il pense qu'on aurait pu les épargner, mais que M. de Haugwitz aura désiré de voir les premiers coups portés sur le Rhin, pour prendre conseil des évènements et régler en conséquence les propositions auxquelles il devra s'arrêter.

Je répondrai par le courrier du 27 (17 mai) au général Beurnonville. Je lui ai déjà transmis les premières nouvelles de nos succès en Souabe[1], et je lui ferai sentir tout l'avantage qu'il peut en tirer, non pour rien changer aux ouvertures qu'il a été autorisé à faire, mais pour caractériser la modération d'un gouvernement, qui ne voit dans des triomphes qu'un élément de plus à une paix raisonnable. Je l'autoriserai à dire : qu'il n'est pas douteux que la République, pour arriver à la paix, préférât à toute autre voie de s'entendre avec la Russie et la Prusse, parce qu'elle a le sentiment de tout ce que ces Puissances réunies pourraient faire ; mais qu'avant de se réduire cependant à cette unique entremise, elle a besoin de connaître la valeur réelle du concours qu'on lui offrirait, et la nature des bases sur lesquelles on voudrait l'asseoir.

IX.

Paris, 27 floréal (17 mai).

Général, j'ai encore peu de chose à vous transmettre aujourd'hui.

Vous trouverez ci-joint l'extrait d'une lettre du cit. Bignon qui ajoute aux notions transmises par le général Beurnonville. Au retour du comte de Haugwitz, les communications deviendront sans doute plus positives, et si ce ministre attendait l'ouverture de la campagne pour mesurer ses propositions, je suppose que nos succès contribueront à le rendre raisonnable.

---

[1] Dép. de Talleyrand à Beurnonville, du 17 floréal (7 mai) : « Le P. Consul est parti dans la nuit du 16 (6 mai). Il est parti avec la bonne et grande nouvelle de l'avantage décisif obtenu contre les Autrichiens en Souabe... » Cet avantage était la victoire remportée par Moreau à Stockach et Engen le 3 mai, et dont la nouvelle était arrivée à Paris le 5, par le télégraphe (*Corr. de Nap.*, n° 4758).

Tout est ici parfaitement tranquille, comme vous aviez si bien su le prévoir.

Je me trouve mieux chaque jour, mais j'ai besoin d'un beau ciel pour achever ma convalescence.

X.

Correspondance extérieure du 25 au 27 floréal (15 à 17 mai).

Berlin, 9 floréal (29 avril). — Le cit. Bignon [1] rend compte d'une conversation particulière qu'il a eue avec M. Ephraim, et qui a roulé sur les vues de la Prusse et de la Russie dans leur intervention pour le rétablissement de la paix :

« L'un des motifs qui empêchent la cession de la rive gauche à la République, c'est que la Russie a garanti particulièrement les possessions de l'électeur de Bavière et qu'elle veut observer cette garantie. On n'élève aucune difficulté sur l'acquisition de la Belgique, de Maestricht, Luxembourg et de la Savoie. Quant à l'Empereur, on ne peut lui refuser Venise en échange des Pays-Bas. Il n'aurait pas la Lombardie, mais il faudrait lui céder Mantoue. L'article des trois Légations n'est pas encore décidé. Lorsque les conditions de paix jugées convenables par la Russie et la Prusse, et pour lesquelles on désire avoir aussi l'assentiment de la République, seront définitivement arrêtées, on les proposera à l'Autriche, et cette proposition sera appuyée par des mouvements militaires : cinquante ou soixante mille Russes s'avanceront en Gallicie ; la Prusse fera de son côté un mouvement semblable ; mais c'est la Russie qui, aujourd'hui se prononce la première. Les envahissements de l'Angleterre ne seront pas plus respectés que ceux de l'Autriche. On prendra les mesures les plus violentes pour forcer cette Puissance à la restitution de ses conquêtes, ou du moins à des arrangements acceptables par les parties intéressées. Il n'est point question du Stathouder ; on s'occupera de son indemnité [2], quand les circonstances le permettront. La Prusse sent que ses liaisons avec nous deviennent chaque jour plus intéressantes pour elle, et cette connaissance de ses vrais intérêts doit répondre de la sincérité de ses dispositions favorables pour la République. »

---

[1] M. Bignon, premier secrétaire de légation, se trouvait à Berlin avant l'arrivée du général Beurnonville. Par une dérogation aux usages diplomatiques, il avait été autorisé à entretenir avec Talleyrand une correspondance parallèle à celle de son chef de mission.

[2] Une indemnité pour la maison d'Orange a été en effet demandée par la Prusse, après le traité de Lunéville.

Telle est la substance des discours de M. Ephraim. Il veut persuader que la politique du cabinet de Berlin va prendre une direction plus conforme aux vues de la France.

Il a soin de présenter les ennemis de M. de Haugwitz comme les ennemis du système français; il cite un mot de ce ministre sur le général Rüchel[1] : « Puisqu'il veut se battre, a dit M. de Haugwitz, il se battra, mais ce ne sera pas contre les Français. »

Dans ma lettre de ce jour au général Beurnonville, j'ai eu soin, comme je l'avais annoncé au Premier Consul, de remarquer qu'il n'y avait encore dans tout ceci que de belles paroles, et que, pour juger de leur sincérité, nous devions en attendre l'effet; qu'il ne suffit pas d'annoncer ce qu'on peut faire; qu'il faut prouver qu'on est disposé à le faire; et en communiquant au général Beurnonville la nouvelle reçue hier d'une quatrième victoire de l'armée du Rhin[2], je lui donne ample matière pour répondre aux inquiétudes de M. de Haugwitz.

La Haye. — Je suis sans lettre du cit. Sémonville. Je m'étonne de n'avoir pas reçu les détails qu'il m'avait annoncés par l'ordonnateur Derville.

Espagne. — En réunissant toutes les données que me fournit la correspondance d'Espagne[3], et dont j'ai eu l'honneur de vous rendre compte, l'induction que j'en ai tirée sur la ferme détermination du gouvernement espagnol à tout tenter pour faire rentrer ses vaisseaux dans ses ports, acquiert à mes yeux le caractère de la certitude. Toutes mes conversations avec MM. de Muzquiz[4] et Mazarredo[5], et les renseignements accessoires que je recueille me fortifient de plus en plus dans cette opinion ; et je pense qu'il serait tout à fait imprudent de ne pas opposer aux tentatives déjà prononcées, et à celles qu'on ne peut que prévoir, tous les obstacles qu'on croira les plus propres à les faire échouer. Vous trouverez sans doute qu'il est pressant que le ministre de la marine reçoive de vous l'ordre positif d'employer toutes les mesures de détail qui sont en son pouvoir, pour retenir les vaisseaux espagnols dans les ports de la République. L'empressement indiscret que le ministère espagnol laisse trop apercevoir, les incitations qu'il

---

[1] Général prussien, qui passait pour très hostile à la France.
[2] Le combat de Memmingen, livré le 11 mai.
[3] La France était représentée en Espagne par M. Alquier, nommé ambassadeur le 30 novembre 1799.
[4] Ambassadeur d'Espagne à Paris.
[5] L'amiral J. de Mazarredo, commandant la flotte espagnole de Cadiz, était bloqué dans Brest depuis le mois d'août 1799. Il s'étudiait à se dérober à toutes les opérations maritimes où le P. Consul s'efforçait de l'entraîner, et ne cherchait qu'un prétexte pour ramener ses vaisseaux en Espagne.

reçoit du ministère anglais et dont les siens nous ont fait plus d'une fois la confidence, sont des motifs plus que suffisants pour nous inspirer de la défiance sur le penchant que la cour d'Espagne montre à isoler son action de la nôtre.

XI.

Paris, 28 floréal (18 mai).

Général, j'ai l'honneur de vous adresser en original une note que j'ai reçue d'Angleterre et dont je garde copie. Il m'est connu qu'elle vient du cit. Otto [1], qui n'a pu sans de grandes difficultés me la faire parvenir ; et il me paraît qu'elle mérite de fixer toute votre attention, principalement par le nouveau jour qu'elle jette sur la position intérieure de l'Angleterre et sur les intrigues de son Cabinet [2].

Je suis porté à croire que l'effet produit par l'arrestation de madame Talon [3], aura arrêté le cours des intrigues du mari et forcé le

---

[1] A la fin de novembre 1799, M. Otto, qui était à Berlin, reçut la commission de se rendre en Angleterre pour négocier l'échange des prisonniers. Il arriva à Londres vers la fin de janvier 1800. En raison de l'état de guerre, le gouvernement anglais avait exigé de M. Otto la promesse de ne point correspondre avec Paris sur des objets politiques ; ce qui explique les précautions prises pour la note dont parle Talleyrand.

[2] Cette note anonyme, datée du 2 mai, représentait les ministres britanniques comme déconcertés à la fois par la capitulation de Kléber, parce qu'ils auraient voulu conquérir l'Égypte ; par la colère de Paul Ier contre l'Autriche et l'ambassadeur anglais ; par nos succès militaires en Italie. La fausse nouvelle de l'invasion du Portugal par les Espagnols, et le bill de l'impôt sur le revenu avaient encore aigri les esprits. « Mais le Ministre n'en persévère pas moins dans ses plans. Toutes les batteries sont dressées contre la personne de B[onaparte], dont on dirait qu'il est jaloux. C'est par la corruption, autant que par les armes de l'Autriche, qu'il veut renverser notre gouvernement. Quelques émigrés très marquants sont désignés pour être les principaux acteurs à Paris. L'arrestation de madame Talon a dérouté ce plan, sans l'anéantir. Le mari avait demandé environ deux millions sterling pour rétablir le roi : sans doute il en aurait eu sa part, comme il s'est réservé cent mille [livres] pour sa négociation avec le gouverneur de Surinam. Les autres émigrés ont d'autres vues. Ils demandent à hauts cris la formation d'une armée royale française, et ils prétendent être sûrs que ce moyen est le seul pour rétablir le trône. Ces idées ne s'accordent pas avec les vues du Ministre, qui ne voudrait relever le trône que pour soudoyer une Vendée républicaine. Suivant lui, le roi doit devoir son existence à l'intrigue, pour être culbuté ensuite par une autre intrigue et pour perpétuer en France les dissensions et le carnage. » La note concluait que, malgré cette animosité du Cabinet, la modération du P. Consul commençait à influer en Angleterre sur une partie de l'opinion.

[3] Madame Talon, arrêtée à Paris le 5 avril, avait été enfermée au Temple, où elle resta jusque vers le 10 mai : elle souffrait alors d'une maladie incu-

Ministère anglais de retirer la confiance qu'il avait mise en ses moyens; mais ce Ministère infatigable ne cessera d'employer les voies de corruption, que lorsqu'il verra tous ses projets successivement et entièrement déjoués; et peut-être est-il fâcheux qu'on ait abandonné légèrement les premières découvertes. A ce sujet, permettez-moi encore de vous rappeler que, quelques jours avant votre départ, je vous adressai, sur le résultat des opérations d'argent récemment faites par l'agent anglais Wickham [1], une note dont il résultait qu'il ne cessait de faire passer des fonds en France ; que les lettres de change qu'il se procurait sur Paris et Bordeaux étaient endossées à des gens, qui sous des noms supposés les endossaient à leur tour à des négociants d'ici pour en toucher le montant.

Je persiste à croire qu'il serait important de s'assurer de ce que devient cet argent. Si, d'après l'avis que vous lui en donneriez, le consul Cambacérès ou le consul Lebrun mandait les hommes qui sont désignés pour acquitter ces effets ou en recevoir le montant, se faisait apporter leurs livres, inspectait leurs opérations, il verrait, il saurait à quoi s'en tenir ; et, suivant la nature des découvertes, ou il ferait arrêter ces négociants, ou il aurait au moins l'occasion de faire publier dans les journaux que les correspondances et les correspondants des agents de Wickham ont été découverts ; ce qui ne manquerait pas de déranger leurs intrigues. Croyez qu'il n'est pas sans inconvénient de les mépriser, et que le meilleur moyen d'arriver à leur parfaite connaissance est de faire suivre les mouvements d'argent auxquels elles donnent lieu.

Je dois encore vous rappeler, général, que l'endosseur, qui prend le nom de Souters, paraît être l'ex-constituant d'André [2], et qu'il a passé ses lettres de change aux négociants Cinot et Charlemagne et Emmerich

---

rable qui a dû l'emporter peu de temps après. — Son mari, Antoine-Omer Talon, ancien lieutenant-civil au Châtelet et député à la Constituante, avait émigré en Angleterre et passait pour avoir eu de fréquents rapports avec le comte d'Artois et le Ministère anglais. On lui reprochait d'avoir pris part à la reddition du gouvernement de Surinam. Il rentra en France en novembre 1801 ; mais arrêté au mois de septembre 1803, il subit un long interrogatoire, dont le modèle paraît avoir été rédigé dans le cabinet même du P. Consul, et fut envoyé en surveillance aux îles Sainte-Marguerite.

[1] M. Wickham avait en effet répandu de l'argent, surtout dans le Lyonnais, où il essayait d'organiser un soulèvement avec l'aide du général Willot. En ce moment, la marche de Moreau avait obligé M. Wickham à se retirer vers la Bavière.

[2] M. d'André, réfugié alors à Nüruberg, était un des membres les plus remuants de l'agence royaliste, dite agence de Souabe, dont M. de Vézet était le président. (Voir pièce n° XXIII).

frères, tous établis à Paris, et connus pour avoir eu des liaisons particulières avec lui.

P. S. — Je joins ici deux lettres qui me sont parvenues à votre adresse. Ma santé va toujours se rétablissant, mais avec lenteur, en raison du temps.

XII

Paris, 29 floréal (19 mai).

Général, j'ai l'honneur de vous adresser le résumé de ce qu'il y a d'intéressant dans la correspondance extérieure de mon département depuis avant-hier. Je suis encore sans lettre de La Haye. J'en ai une de Dresde, qui ne rend compte que des bruits exagérés qu'on fait circuler en Allemagne sur nos désastres en Italie[1]. Les évènements du Rhin auront donné un autre cours à l'opinion.

P. S. — Vous avez pu voir dans « le Publiciste » d'hier 28 (18 mai) une lettre sur l'empereur de Russie, que j'ai cru utile d'y faire mettre.

XIII.

Correspondance extérieure du 27 au 29 floréal (17 au 19 mai).

Copenhague, [16] floréal [6 mai]. — M. de Bernstorff[2] prétend que Dumouriez a été congédié sans mission, que Souvorov est en disgrâce; que celle des Anglais est complète à Pétersbourg; et que, quelles que puissent être encore les variations de l'empereur Paul, il sera du moins immuable dans sa résolution de ne plus prendre part à la guerre des Coalisés.

Le comte de Ludolff, ministre autrichien en Danemark, se rend par congé à Vienne et laisse son secrétaire de légation pour chargé d'affaires. On attend pareillement à Copenhague un nouveau chargé d'affaires de Russie.

Berlin, 16 floréal (6 mai). — Le général Beurnonville remarque que le jour où il écrit est celui où M. de Krüdener reçoit sa première audience. M. de Haugwitz est de retour : rien ne doit retarder son travail avec le ministre russe, et le cit. Beurnonville en attend le résultat. M. de Krüdener parle lui-même avec complaisance de l'importante mission, qu'il dit lui être confiée, et qu'il annonce devoir commencer par la mise en vigueur d'un traité conclu en 1793[3] entre sa cour et celle de Berlin. La mise en avant d'un acte de garantie respective entre ces

[1] Dép. de M. de Lavalette, du 3 floréal (23 avril).
[2] Ministre du roi de Danemark.
[3] *Sic*. Il s'agit du traité du 7 août 1792. (Sybel, t. II, p. 152 de la traduc. française). Voir plus loin la pièce n° XXVIII.

deux États ne peut avoir d'autre but que de donner de l'inquiétude à l'Autriche, à qui on suppose toujours l'intention de s'arranger avec la France. Dans le moment surtout, on répand que cette négociation touche à son terme. M. de Krüdener a déclaré officiellement à Berlin que le tsar s'est retiré de la Coalition. Le général Beurnonville observe sagement que la réponse qui doit lui être remise sous peu de jours, donnera la mesure exacte de la bonne volonté dont on est réellement animé pour la paix.

Le reste de sa dépêche ne renferme que des réflexions sur les évènements militaires. Il s'étonne et s'afflige de l'inaction de l'armée du Rhin : il aura été promptement rassuré à cet égard.

XIV.

Paris, 1 prairial (21 mai).

Général, je m'empresse de répondre à votre lettre du 26 (16 mai) [1], dont je remplirai sans délai les intentions. Demain j'aurai l'honneur de vous envoyer ma réplique à M. de Thugut. Si vous la jugez convenable, vous lui ferez donner cours ; mais comme rien ne presse à cet égard, s'il y a des changements qui vous paraissent utiles, ils seront faits aussitôt qu'indiqués.

J'aurai soin d'écrire au cit. Lavalette, conformément à ce que vous m'avez prescrit.

J'ai encore peu de chose à vous communiquer aujourd'hui. Point de lettres de Berlin; une de Hambourg [2], d'où je dois seulement conclure que Dumouriez n'a réellement point à se louer de son voyage à Pétersbourg, qu'il est sans commandement, sans mission et sans crédit ; une de Sémonville [3], qui est occupé à recueillir les détails sur la machination dont l'ordonnateur Dervillé m'a apporté la nouvelle. Je ne joins donc ici que deux articles d'Helvétie et d'Espagne.

J'ai fait insérer dans le « Journal des Défenseurs de la Patrie » quelques articles tels que vous avez paru les désirer [4]. Vous en trouverez deux dans le n° 1612, sous la date de Madrid et du Var [5].

[1] *Corr. de Nap.*, n° 4806. Cf. n° 4805.
[2] Dép. de Bourgoing du 19 floréal (9 mai).
[3] Lettre particulière de Sémonville, du 25 floréal (15 mai).
[4] *Corr. de Nap.*, n° 4800. Cf. n° 4799.
[5] Le n° 1612 est celui du 1er prairial. Sous la rubrique « Madrid » on lit que M. de Corral va se rendre à Constantinople pour y représenter l'Espagne et qu'il doit s'employer pour rapprocher les Turcs et les Français. « La bizarrerie des évènements qui ont fait perdre à ceux-ci l'Italie l'année dernière et leur font abandonner l'Égypte cette année, aura pour la Turquie de fâcheuses conséquences.

Demain, il y en aura du même genre dans le « Publiciste¹. »

Vous y aurez remarqué l'article de Volney et la lettre précédente qui l'avait motivé ². J'en avais provoqué l'insertion, parce que une réponse que j'ai eue de Russie m'apprend que c'est ainsi qu'on peut développer les bons germes qui ont paru poindre à Pétersbourg.

P. S. — Ma santé devient chaque jour meilleure. J'ai pu hier me faire conduire chez les Consuls.

XV.

Paris, 2 prairial (22 mai).

Général, j'ai l'honneur de vous transmettre, ainsi que je vous l'avais annoncé, ma lettre pour M. de Thugut ³, telle que je l'ai communiquée aux Consuls, et qu'elle a eu leur approbation. Si vous lui donnez la vôtre, vous voudrez bien en faire assurer le cours.

M. de Muzquiz vient de m'adresser le billet suivant ⁴ : « L'ambassadeur d'Espagne reçoit par courrier des nouvelles de Vienne du 12 mai, qui annoncent que le général Kléber se méfiant des Anglais, des Russes et des Turcs, avait attaqué l'armée du Grand vizir et l'avait complètement battue ⁵ ; il s'empresse d'en faire part au ministre des relations extérieures, etc. »

Si cette nouvelle est vraie, nous avons à nous féliciter d'avoir anticipé, dans les journaux, sur l'exposition des motifs qui justifient complètement l'armée d'Egypte d'avoir repris l'offensive. Les articles 2, 12 et 13 de la convention expriment de la manière la plus formelle que

---

Si Bonaparte était resté en France, l'Italie n'eût pas été enlevée par les Alliés ; si les revers de son pays ne l'avaient pas fait accourir d'Egypte, il eût conservé cette colonie... » — Sous la rubrique « Toulon » on discute les conséquences possibles de l'attitude des Anglais, qui avaient d'abord refusé de reconnaître la convention d'El Arich. « Ne peut-on supposer que l'armée française, rassemblée, ranimée, indignée d'avoir rempli sa part d'obligations que l'ennemi ne veut plus remplir, n'aura pris conseil que de son courage ?... »

¹ Le « Publiciste » du 2 prairial ne donne qu'une reproduction abrégée des deux articles parus la veille dans le « J. des Défenseurs. »

² Une lettre, signée P. P., insérée dans le « Publiciste » du 28 floréal (18 mai) avait recommandé la modération aux journalistes français quand ils parlaient de Paul Iᵉʳ. L'article de Volney (nᵒ du 30 floréal), renchérissant sur ces conseils, soutenait que le tsar avait rendu service aux Français en réfrénant les folles entreprises du Directoire ; il concluait en faisant ressortir les avantages d'un rapprochement entre la France et la Russie.

³ Cette dépêche de Talleyrand est celle qui, sous la date du 17 prairial (6 juin), a été publiée par Du Casse, t. II, p. 18, et par Vivenot (*Thugut*, t. II, p. 443).

⁴ Lettre de M. de Muzquiz, du 21 mai.

⁵ La bataille d'Héliopolis, du 20 mars.

les Turcs engagent l'intervention et le concours de leurs alliés à son exécution. Cette intervention ayant été illusoire, et le concours non seulement refusé, mais remplacé par les premiers ordres de l'amiral Keith, l'armée française n'a pu voir dans l'inexécution des clauses stipulées, qu'une violation qui annulait de droit et de fait la convention; soit que cette violation fût le résultat de l'impuissance, ou de l'infidélité de la partie qui avait contracté avec elle.

Les nouvelles que vous avez pu recevoir d'Égypte vous mettront, général, dans le cas de juger du degré de confiance qui est due à celle-ci.

A présent que chaque jour me rend de la santé et des forces, je me sens prêt à aller vous joindre, si vous le jugez convenable; et j'ose dire que votre absence se prolongeant encore, je n'aurais pas seulement le désir de me trouver auprès de vous, mais j'en éprouverais le besoin.

P. S. — Tout ce que j'apprends (puisque ma retraite ne me permet pas de dire encore tout ce que je vois) me confirme qu'il n'y a rien à craindre pour la tranquillité intérieure.

XVI

Paris, 3 prairial (23 mai).

Général, il arrive chaque jour que la qualification de ministre des relations extérieures se confondant avec celle de ministre de l'intérieur, des paquets sont portés chez l'un qui devraient arriver chez l'autre, et depuis longtemps cet inconvénient m'avait frappé. Mais une méprise de ce genre très grave, faite dernièrement par une ordonnance du consul Cambacérès, m'a fait sentir encore plus les dangers de cette confusion. J'observe d'ailleurs que tous les étrangers persistent à conserver dans leurs communications l'ancien titre du département, celui qui exprime dans toute l'Europe cette partie de l'administration publique. Il y aurait donc, à mon avis, un avantage réel à ce que le département qui m'est confié reprît l'ancien titre de département des affaires étrangères[1]. Je vous prie d'examiner cette question, plus importante qu'elle ne paraît au premier coup d'œil, et de me donner vos ordres.

XVII.

Paris, 3 prairial (23 mai).

Général, j'ai l'honneur de vous adresser le tableau de la correspon-

---

[1] Ce nom avait été abandonné en 1794, lorsque le système des Commissions avait remplacé celui des Ministères.

dance extérieure de mon département du 1ᵉʳ au 3 prairial (21 à 23 mai).

Quelque incertitude qui reste sur les nouvelles d'Égypte venues par la voie de Vienne, M. de Muzquiz les ayant communiquées à tout le monde, j'ai cru devoir les faire insérer dans le « Moniteur » sous la forme convenable. Vous trouverez à la fin du n° 243, l'article que j'ai fait mettre à ce sujet [1].

Je reçois dans l'instant [2], le paquet de pièces relatives à la négociation avec les États Barbaresques. J'expédierai aujourd'hui un courrier au cit. Dubois-Thainville [3], et je lui prescrirai de hâter son départ. Mais vous penserez sans doute qu'on est forcé de retarder celui des commissaires pour Constantinople, jusqu'à ce que de nouveaux renseignements jettent du jour sur la position réelle de l'armée d'Égypte. Je me bornerai donc, en attendant votre décision, à préparer le choix, et à me concerter conditionnellement avec le ministre de la marine pour la sûreté et la célérité de l'expédition.

XVIII.

Correspondance extérieure du 1 au 3 prairial (21 à 23 mai).

Berlin, 20 floréal (10 mai). — M. de Haugwitz n'a point encore fait de communication officielle; mais son agent ordinaire a annoncé qu'elle aurait lieu dans quelques jours.

M. de Krüdener a donné un dîner diplomatique, auquel n'ont été invités ni le chargé d'affaires d'Autriche, ni celui d'Angleterre.

Tout confirme que la politique de la Russie prend une direction nouvelle. Déjà quelques Puissances se préparent à profiter de ce changement. M. de Rosencrantz, ministre de Danemark, et le Baron de

---

[1] Le Moniteur du 3 prairial (n° 243) contient en effet, en P. S., la nouvelle arrivée par Vienne, de la défaite du Grand vizir, et l'explication de cet événement telle que Talleyrand l'avait proposée la veille dans sa lettre au P. Consul.

[2] La minute porte ici « avec votre lettre du .... qui m'apprend la marche audacieuse de l'armée de réserve. » Ce passage a été supprimé, sans doute parce que Talleyrand n'avait pas retrouvé la date de la lettre du P. Consul, qui est du 29 floréal : 19 mai (*Corr.*, n° 4819).

[3] M. Dubois-Thainville, nommé consul général à Alger le 10 sept. 1798, avait été jusqu'ici empêché de rejoindre son poste. Il reçut des instructions de Talleyrand datées du 24 mai, s'embarqua le 31 à Marseille, et le 19 juillet réussit à signer à Alger un armistice avec la Régence.

Posch, ministre de Bavière, passent à Pétersbourg. Ce choix d'agents actuellement employés à Berlin, pourrait faire présumer que l'objet de leur mission est concerté avec la Prusse.

Le général Beurnonville pense qu'il serait utile de faire prendre à nos journaux un ton plus réservé relativement à la Russie. (Ses vœux à cet égard ont été prévenus.)

Un ancien officier français émigré, qui est employé par la Russie et qui avait été envoyé à Florence pour s'enquérir de la situation du roi de Sardaigne, repassant à Berlin, s'est présenté de nuit chez le général Beurnonville dont il a été autrefois connu, et il lui a dit que ce prince était dans la situation la plus désagréable, sans argent, réduit à un carrosse de remise et à deux domestiques, se plaignant de l'Autriche et implorant le secours de la Russie. La pénurie des vivres est telle en Piémont, que le moindre revers obligerait les Autrichiens à se reporter fort loin en arrière. Les habitants appellent l'ancien régime, ou le français. Le pays vénitien est surtout très fatigué de ses maîtres actuels. L'émigré qui donne ces détails conserve à Pétersbourg des connaissances intéressantes, notamment celles du ministre Rastaptchine, et il a promis au général Beurnonville de lui procurer de bonnes notions.

La Haye, 27 floréal (17 mai). — Tandis que le général Augereau visite l'armée dans ses divers cantonnements et reconnaît les positions militaires, le cit. Sémonville est en négociation pour obtenir tout ce qui est nécessaire à l'entretien de cette armée : en quoi il se flatte de réussir, quoique, d'après sa propre conviction, les Bataves aient réellement fourni et payé au-delà de ce qui est promis par les traités.

L'état politique de la Batavie n'est point changé. Ce serait en vain qu'on essaierait d'effacer les mécontentements qu'ont engendrés depuis plusieurs années tant de fausses mesures, en raison desquelles on n'a su s'attacher aucun parti. En prévenir l'effet est tout ce qu'on peut faire. Peut-être l'organisation des gardes nationales bataves n'est point sans inconvénient. L'armée proprement dite est moins à craindre. Toutes troupes soldées sont à leur général, et tant que le commandement sera dévolu au général français, il y a peu de chose à redouter ; mais tout ce qui tendrait à mettre en réquisition ou en activité partie des gardes nationales, n'est point sans dangers. Si nous étions destinés à éprouver des revers, nous pourrions trouver des agresseurs là où nous aurions cru armer des amis.

Telles sont les réflexions du cit. Sémonville.

XIX

Paris, 5 prairial (25 mai).

Général, j'ai l'honneur de vous transmettre le résumé de la correspondance extérieure du 3 au 5 de ce mois (23 à 25 mai).

J'ai vu les généraux Pérignon et Grouchy [1], couverts d'honorables blessures, mais à peu près rétablis. Ils m'ont dit que, à quelque distance de Vienne, on leur avait fait faire un détour qui les avait conduits dans un village où, comme par hasard, s'est trouvé le comte de Bellegarde, avec qui ils ont eu un entretien dans lequel celui-ci s'est exprimé ouvertement sur le désir qu'avait l'Empereur d'entrer en négociation, ajoutant que le gouvernement français aurait dû adresser les paroles de conciliation à M. de Lehrbach, qui a toute confiance et tout pouvoir. Vous apprécierez cette notion [2]. Mais, quelle que soit sa valeur, il est évident qu'après toutes les démarches que nous avons faites et sans succès, il nous convient à présent d'attendre que le cabinet de Vienne s'explique; et d'après vos ordres, j'en ai indiqué la voie dans ma dernière lettre à M. de Thugut. C'est aux événements de la campagne à hâter les déterminations de l'Empereur.

Vous verrez, général, par l'extrait ci-joint de la dépêche de Beurnonville, ce qu'on peut espérer de la Prusse.

Je suis sans lettres d'Espagne, et celles d'Helvétie ne présentent que des objets d'intérêt individuel.

XX

Correspondance extérieure du 3 au 5 prairial (23 à 25 mai).

Berlin, 23 floréal (13 mai). — M. de Haugwitz s'était rendu à Charlottenbourg le 21 (11 mai) pour arrêter avec le Roi la réponse aux ouvertures du Premier Consul. Il devait la communiquer le 22 (12 mai) à l'envoyé de la République : rien n'a eu lieu encore.

Les ministres de Bavière et de Danemark, qui sont très liés avec celui de Russie, ont donné au général O'Farill [3] les renseignements suivants : — Le Roi voulait différer la première audience de M. de Krüdener. Celui-ci, piqué de ces délais, a insisté pour qu'elle fût prochaine : elle a eu lieu le 16 floréal (6 mai). Le Roi a montré de la froideur, et le mi-

---

[1] Ces deux généraux, faits prisonniers l'été précédent à la bataille de Novi, puis mis en liberté sur parole, étaient revenus à Paris, où ils attendaient d'être échangés pour pouvoir reprendre du service.

[2] Le ministre de la guerre, Carnot, avait également rendu compte de cet incident. (*Corr. de Nap.*, n° 4850).

[3] Envoyé d'Espagne à Berlin.

nistre russe à son retour s'est expliqué avec humeur. Comme il aurait proposé le renouvellement du traité de 1793, et qu'en même temps il aurait parlé de conventions secrètes tendantes à forcer la paix de terre et de mer, et à enchaîner l'ambition de l'Angleterre et de l'Autriche, le roi de Prusse, après une sorte d'acquiescement à ces propositions, s'y refuserait aujourd'hui, sous prétexte qu'elles pourraient l'entraîner par la suite dans une guerre, qu'il veut éviter et qui lui répugne autant qu'à ses aides de camp, « aussi peu capables que lui de l'entreprendre. » Ce sont, dit-on, les propres expressions de M. de Krüdener. Ce ministre insiste; le cabinet élude; et ce mésaccord est la véritable cause du retard qu'on met à donner la réponse promise.

Si cette réponse est encore différée, le général Beurnonville se propose de demander au Roi une audience particulière.

Il observe qu'il eût été avantageux que la négociation s'ouvrît directement avec la Russie[1]; sans quoi on ne pourra jamais connaître qu'imparfaitement les sentiments de cette cour, que celle de Berlin ne manquera pas de présenter sous le jour qui lui sera favorable.

Hambourg, 26 floréal (16 mai). — Un courrier est arrivé le 24 (14 mai) de Pétersbourg, après neuf jours de marche. On ne sait pas encore à quel sujet il a été expédié.

La disgrâce de M. Whitworth[2] a eu son contre-coup à Londres. On assure que M. de Vorontsov a reçu ordre de quitter cette résidence.

Malgré l'humeur violente de l'empereur russe contre l'Autriche et l'Angleterre, son ministre à Hambourg[3] continue d'afficher une grande aversion pour tout ce qui tient à la République française.

Dumouriez a beau s'envelopper de réticences mystérieuses, il ne peut parvenir à se faire croire chargé de grandes choses. Après avoir caressé tous les partis, il est au point de n'inspirer ni intérêt ni confiance à aucun.

XXI

[Vers le 6 prairial (26 mai)].

[*Berne*, 1er prairial (21 mai)][4].—.. Toutes les autorités suivent l'impulsion nouvelle de zèle et d'activité qu'elles reçoivent du gouverne-

---

[1] Voir *Corr. de Nap.*, n° 4873.
[2] Envoyé d'Angleterre à Pétersbourg. M. de Vorontsov était l'envoyé russe à Londres.
[3] M. de Mouraviov.
[4] Le commencement de ce Bulletin ne nous est pas parvenu. — Dans la première partie de sa dépêche, M. Reinhard rendait compte des dissensions qui agitaient le gouvernement de l'Helvétie.

ment; le service des armées françaises se fait, et presque aucune plainte ne se fait entendre, ni de la part des Français, ni de celle des habitants de l'Helvétie.

Madrid, 25 floréal (15 mai). — Alquier écrit que le roi d'Espagne ayant appris qu'il était chargé d'acheter huit chevaux de race, a changé sa première décision sur le présent qu'il devait faire au Premier Consul, et qu'il avait donné ordre de choisir douze chevaux parmi les plus belles et les plus célèbres races d'Espagne. Six seront pris dans ses haras d'Aranjuez, trois dans ceux de Medina Celi, et trois dans ceux d'Altamire. Ces chevaux seront conduits en France par douze hommes aux livrées du Roi, sous la direction d'un adjudant de ses écuries.

Le cit. Alquier fait part en même temps d'une nouvelle explication faite par M. de Urquijo sur le désir que la Reine a témoigné d'avoir des robes de France. Ce ne sont plus des robes de gala qu'elle désire, mais des parures de goût. Il s'étend assez longuement sur la description de celles qu'il convient d'envoyer [1], et il a cru utile de donner à lire aux commis des bureaux de poste, qui sont chargés d'ouvrir les lettres, que « S. M., qui réunit à l'esprit le plus juste dans les grandes affaires, le goût le plus délicat et le plus sûr dans tout ce qui tient aux arts, saura bien apprécier le charme de nos modes ; et cette princesse est assurément digne de recevoir l'hommage des produits de notre industrie. »

Dans une autre lettre de la même date, le cit. Alquier transmet copie d'une lettre écrite par le roi d'Espagne au roi de Naples en faveur de Dolomieu : j'en adresse une expédition au Premier Consul [2].

Cette démarche de la cour d'Espagne est la seconde du même genre qu'elle a tentée à notre sollicitation. Sur les instances de la famille du cit. Dolomieu [3], j'en ai réclamé une troisième. Les amis et les parents

---

[1] Voir *Corr. de Nap.*, n° 4872.
[2] Voici la traduction de cette lettre, datée d'Aranjuez, 15 mai : « Mon cher frère, je t'ai déjà engagé à mettre en liberté le savant Dolomieu, dont le malheur afflige généralement tous ceux qui font profession d'aimer les sciences qu'il cultive avec la plus grande distinction. Outre que tu feras ainsi un acte d'humanité, qui te présentera aux yeux de l'Europe comme un roi plein de bonté et de générosité, tu me donneras le moyen de pouvoir complaire au P. Consul de la République française ; ce que je désire d'après l'intérêt qu'il attache à cet objet. Me flattant que tu accéderas à ma demande, j'ai donné les plus grandes espérances au Consul Bonaparte. Je te prie avec de nouvelles instances de prendre tout de suite cette détermination. Crois que tu ménageras ainsi une véritable satisfaction à ton frère, qui t'aime de tout son cœur. »
[3] Le savant Dolomieu, parti d'Égypte au mois de mars 1799 et forcé d'aborder à Tarente, était retenu en captivité par le gouvernement napolitain. Il ne put recouvrer la liberté qu'en 1801, par le traité de Florence.

de ce savant ont pensé que l'intervention du Pape, en sa faveur, auprès de la cour de Naples, offrait une espérance presque certaine de succès, et que cette intervention pourrait être convenablement demandée par la cour d'Espagne. J'en ai écrit à M. de Muzquiz et au cit. Alquier ; je compte voir à ce sujet M. de Labrador [1], ambassadeur d'Espagne auprès du Pape. Je ne doute pas que le nouveau Pontife ne saisisse tout ce que cette circonstance lui présente de motifs et de moyens, pour se placer dans une position convenable à l'égard de l'Espagne, dans une position noble et digne à l'égard de Naples, et dans une position honorable à notre égard. J'ai développé ces motifs dans ma lettre au cit. Alquier.

XXII

Paris, 9 prairial (29 mai).

Général, j'ai l'honneur de vous transmettre le résumé de la corresdance du 7 au 9 (27 à 29 mai). Vous verrez par la lettre de Beurnonville que le cabinet de Berlin ne se départ point de cette incroyable apathie qui fait depuis quatre ans toute sa politique. Quand on compare le vide des communications officielles de M. de Haugwitz avec l'étalage des propos de son agent Ephraim, on ne peut fonder aucun calcul sur une pareille conduite.

Je joins ici deux bulletins du cit. Bacher, et une lettre arrivée de Berlin pour votre aide de camp, le cit. Duroc.

P. S. — J'ai reçu par une voie que je connais sûre les détails suivants, qui sont un bon commentaire aux notes que je vous ai remises ou fait parvenir précédemment sur le même objet.

Depuis quinze mois il existe à Augsbourg un rassemblement d'agents anglais [2]. L'ex-constituant d'André et Perrin de Précy sont les chefs. C'est le foyer d'où est parti l'insurrection qui a éclaté à Toulouse [3], et qui a été apaisée dans son principe par une jalousie survenue entre deux chefs. Les ramifications de leurs intrigues sont des plus étendues. La France entière est organisée par eux en arrondissements, en districts et en cantons. Dans chaque département ils ont des chefs avec lesquels ils correspondent exactement. Ils envoient leurs émissaires en France avec des passeports fabriqués par l'imprimeur Fauche, de Neufchâtel, qui a la promesse, pour récompense de ses

---

[1] Voir *Corr. de Nap.*, n° 4874. — Le marquis de Labrador était alors à Paris.
[2] Voir la pièce n° XI.
[3] Cette insurrection, qui avait pour principal chef M. de Paulo, avait éclaté dans la Haute-Garonne le 7 août 1799, et s'était prolongée pendant plusieurs jours.

services, d'être fait imprimeur du Roi, et qui en attendant est salarié par Wickham.

La partie méridionale de la France est le théâtre où manœuvrent principalement depuis trois mois les agents de l'Angleterre. Le ministre anglais Paget [1] s'est rendu en Toscane pour seconder ces intrigues ; il a emmené de Munich avec lui Danican. Le général Willot, qui a reçu de Mitau le brevet de maréchal de camp, est chargé d'exciter à l'insurrection les corps de l'armée d'Italie, de favoriser la désertion et de former des déserteurs un noyau d'armée [2] pour pénétrer en Provence, où il se flatte d'avoir conservé des relations nombreuses et utiles. M. de Bordes, de Bourgogne, est le trésorier de cette espèce de levée. L'Angleterre a destiné plusieurs millions à cette tentative : les fonds sont faits chez des banquiers de Livourne.

Le projet de ce parti est de créer dans chaque département une sorte de chouannerie. Les chefs engagent leurs adhérents à essayer les gens dont ils se sont assurés, en leur faisant piller les voitures et les caisses publiques. Leur projet est aussi de s'emparer des dépôts et des manufactures d'armes, notamment de celles de Saint-Etienne et de Charleville. Ils croient savoir que cinquante hommes seulement sont préposés à la garde de cette dernière, et ils en comptent plusieurs mille à leur dévotion dans cette partie de la Champagne.

Pichegru [3], qui ne paraît pas activement employé, reçoit cependant, ainsi que Willot, 150 louis par mois. Le premier a pour aide de camp M. de Jong, neveu de Précy, payé à 25 louis par mois. D'André a 200 louis par mois, Précy 300, Imbert-Colomès 50, l'abbé De la Marre 30, l'abbé Le Camus, 25, le chev. de Chaffoy, de Besançon, 30 louis : il est chargé conjointement avec M. de Wreux (qui se fait appeler *Werlow*, comme d'André *major*), de la rédaction des gazettes et de la correspondance avec l'intérieur. Le chev. de Perrin, neveu de M. de Précy, a, pour la même occupation, 30 louis par mois. Le baron de Cudes, autre neveu de Précy, est le colporteur des brochures et fait de fréquents voyages en France. Fenouilhot, avocat de Besançon, est l'auteur, gagé à 20 louis par mois, des pamphlets et autres productions de ce genre. Ils ont encore quantité d'agents subalternes à 12 et 15 louis par mois. Renaud, ancien clerc de procureur à Paris, est

---

[1] M. Paget était ministre plénipotentiaire à la cour des Deux-Siciles.

[2] « Un grand nombre d'émigrés étaient à Alexandrie avec le général Mélas, entre autres le général Willot. Il était destiné à être à la tête de la chouannerie que l'on voulait organiser dans le Midi » (*Corr. de Nap.*, n° 4936. — Cf. n°s 4930, 4947 et et 4950).

[3] Pichegru devait être en ce moment à Ratisbonne, d'où il allait partir le 31 mai pour Nürnberg. (Cf. *Corr. de Nap.*, n° 4947).

celui qui a donné les moyens pour la sûreté des correspondances et qui a établi les relais.

La cour de Vienne connaît tous ces ressorts et n'est point étrangère aux mesures dirigées vers l'intérieur de la France. Babouin, ancien marchand à Lyon, établi à Augsbourg, est le caissier et le payeur général ; il négocie les traites que lui fournit Wickham (c'est le même que je vous ai plusieurs fois mentionné) : il est chargé en outre du paiement de toutes les troupes soldées par l'Angleterre.

L'homme chargé des plans militaires est Tinseau, ancien ingénieur géographe à Versailles ; il est actuellement colonel de l'état-major suisse. Varicour, ancien officier du génie, y est employé comme lieutenant-colonel. Le premier a 40, l'autre 30 louis par mois. M. de Vézet, ancien président du Parlement de Besançon, est à Augsbourg l'agent de Mitau et ne reçoit point d'argent de l'Angleterre.

XXIII.

Correspondance extérieure du 7 au 9 prairial (27 à 29 mai).

La Haye, 3 prairial (23 mai). — Dans une lettre confidentielle, le cit. Sémonville me donne les détails qu'il m'avait promis.

Un homme dont l'activité est extrême, les relations fort étendues, avait donné communication d'un complot qui ne tendait pas à moins qu'à faire insurger la Gueldre et à soulever les troupes bataves contre les Français. Le premier soin du cit. Sémonville a été de me participer cette révélation par l'ordonnateur Dervillé qui se rendait à Paris ; le second a été d'examiner. Voici ce qu'il a reconnu et ce qu'il certifie :

Depuis six mois le mécontentement des Bataves croît journellement, sans que de notre part nous fournissions le moindre prétexte. Jamais l'armée n'a été plus disciplinée ; jamais les agents politiques et commerciaux n'ont eu une conduite plus sage, plus amicale ; et cependant l'humeur, le chagrin augmentent. Quelques intrigants ont spéculé sur cette exaspération. Ils auraient calculé juste, sans nos victoires, qui dérangent cette progression, en ramenant des espérances de paix auxquelles chaque jour donne une telle consistance, que toute tentative des malveillants peut être regardée comme chimérique. Mais la fin de l'été amènerait celle de toutes les ressources, si la victoire et les négociations ne changeaient point un état de choses qui paraît au-dessus des forces de la Batavie. Le Directoire vient de consentir à équiper les demi-brigades, qui ont été envoyées dans un dénûment absolu des objets de première nécessité. Cet effort est étranger aux conventions subsistantes.

XXIV

[9 prairial : 29 mai].

Berlin, 25 floréal (15 mai). — L'entretien du général Beurnonville avec M. de Haugwitz a eu lieu enfin le 24 floréal (14 mai). Le ministre prussien n'a fait aucune proposition. Il a prétendu que le travail qu'il concertait avec M. de Krüdener se trouvait arrêté par le renouvellement des hostilités, et qu'il fallait remettre la négociation à un temps plus opportun, sans la regarder cependant comme abandonnée. Il s'est montré extrêmement soucieux ; il semblait craindre plus que jamais quelque arrangement entre la France et l'Autriche, et sans doute il avait déjà connaissance des succès de l'armée française en Souabe et il ne s'en réjouissait pas.

A ce sujet, il est remarquable que le 25 floréal (15 mai) Beurnonville paraissait ignorer encore que l'armée du Rhin eût ouvert la campagne; et que ce ne soit que l'arrivée d'un courrier au ministre de Bavière, qui ait donné à Berlin quelques notions publiques de nos premiers succès.

XXV

Paris, 11 prairial (31 mai) [1].

Général, J'ai l'honneur de vous adresser le court tableau de la correspondance extérieure de ces deux jours.

Je n'ai aucune lettre de Berlin, de La Haye, d'Helvétie, d'Espagne et de Turquie.

En répondant au cit. Alquier sur le présent que le roi d'Espagne se propose de faire au Premier Consul, j'ai cru convenable d'observer que l'appareil qu'il paraît que le Roi veut mettre à cet envoi, est sans doute propre à lui donner un nouveau prix; mais que si les personnes qui seront chargées de conduire les chevaux portaient une livrée aussi remarquable que celle du roi d'Espagne, cette livrée, qui est la même que celle de Louis XVI (cette parenthèse n'est point dans ma lettre), ne pourrait qu'attirer à elle l'attention du public, qu'il vaut mieux occuper uniquement des avantages qui résultent de la bonne intelligence subsistant entre les deux gouvernements.

Permettez, général, que revenant encore sur les détails qui ont terminé ma lettre d'avant-hier, j'ose insister sur le degré d'attention qu'ils méritent. Rien ne donne peut-être plus de considération véritable à un gouvernement aux yeux de l'étranger que cette aptitude à découvrir

---

[1] Par inadvertance, l'original de cette lettre est daté du mois de floréal. Cette erreur n'existe pas sur la minute.

ainsi les plus secrètes trames dirigées contre lui. Ainsi j'ai su, à n'en point douter, qu'en résultat de ce qui avait eu lieu ici, Talon et son parti ont été absolument discrédités en Angleterre.

Il faut en faire autant pour d'André, Précy et toute la dangereuse cohorte qui entoure M. Wickham. J'espère être très incessamment à même de vous donner les noms propres des correspondants de l'intérieur, et je ne néglige rien pour explorer à fond cette intrigue ; tandis que la merveilleuse irruption de l'armée de réserve en Italie, qui fait ici l'admiration de tous les étrangers et qui ne laisse à personne le moindre doute sur les succès décisifs de cette campagne, prépare à mon département des travaux plus chers, et dont toute la gloire vous sera encore dévolue.

XXVI

Correspondance extérieure du 9 au 11 prairial (29 à 31 mai).

Altona, 29 floréal (19 mai). — Le cit. Bourgoing persiste à croire que c'est la cour de Berlin qui a fait insinuer au gouvernement hambourgeois, qu'il devait s'abstenir de toute satisfaction pécuniaire envers la République; de sorte que ce gouvernement se montre rassuré contre nos ressentiments, et s'endort sur la foi des promesses vagues de Berlin.

Un émigré, du nom de Bellegarde, celui dont il a déjà été question dans une lettre de Bearnonville comme ayant du crédit en Russie, et du désir de s'employer pour se remettre en grâce avec la République[1], vient de partir pour Pétersbourg. Il a pris des mesures pour assurer sa correspondance avec le cit. Bourgoing.

Cassel, 23 floréal : (13 mai). — Une lettre du cit. Rivals, en date du 23 floréal, ne renferme que les réflexions de M. de Waitz[2] sur le bruit d'une négociation ouverte à Berlin pour l'arrangement de l'Europe. M. de Waitz croit qu'en définitive les propositions de la Russsie seront éludées par la Prusse.

Francfort, 26 floréal : (16 mai). — Le cit. Bacher transmet dans cette longue dépêche, moins des notions militaires ou politiques, que des réflexions sur le système ambitieux de la maison d'Autriche, qui ne tendait à rien moins qu'à lier ses possessions de Souabe au reste de

---

[1] Voir la pièce n° XVIII.
[2] Le baron de Waitz d'Eschen dirigeait depuis longtemps les affaires étrangères du landgrave de Hesse-Cassel.

ses provinces allemandes par l'envahissement de tout le pays qui les sépare ; ce qui comprend le cercle de Bavière, et celui de Souabe dans sa presque totalité. Mais les événements de cette campagne sont loin de s'accorder avec un plan si vaste. Les défaites du général Kray excitent les murmures de toute l'armée et donnent une nouvelle force au parti de l'archiduc [1].

La Bavière est livrée à l'inquiétude, au mécontentement ; et depuis que les milices de cet Electorat ainsi que celles de Souabe, de Franconie et du haut Rhin ont été si maltraitées, le ridicule s'attache à elles, et tous les princes mondains d'Allemagne, que l'Angleterre a mis en mouvement, s'aperçoivent un peu tard de la faute qu'ils ont faite.

XXVII

Paris, 13 prairial (2 juin).

Général, je ne suis dans le cas de vous transmettre aujourd'hui que l'extrait des dernières lettres du cit. Alquier [2]. Je reçois à l'instant un volumineux paquet de Berlin, dont on n'a pu déchiffrer que les premières lignes ; mais elles me prouvent que cette dépêche ne renferme rien de décisif. C'est le compte-rendu d'une longue conversation avec M. de Haugwitz, que je vous ferai connaître dans le plus grand détail par le prochain courrier.

Je joins ici un rapport sur lequel je vous prie de jeter les yeux et dont j'ose vous recommander les conclusions.

XXVIII.

Correspondance extérieure du 12 au 15 prairial (1 à 4 juin).

Berlin, 30 floréal (20 mai). — Il y eut le 28 floréal (18 mai) une conférence entre M. de Haugwitz et l'envoyé de la République. M. de de Haugwitz commença la conversation par ce qu'il appela deux confidences, savoir : 1º que la cour de Londres ayant essayé de persuader à celle de Pétersbourg que, par suite des menaces de l'Espagne au Portugal et l'exécution du traité récemment conclu entre le Portugal et la Russie, il y avait lieu à envoyer à Lisbonne les troupes russes qui étaient stationnées à Jersey et Guernesey, le tsar a répondu

---

[1] L'archiduc Charles. Il avait été remplacé par le général Kray dans le commandement de l'armée du Rhin, avant la reprise des hostilités.
[2] Nous n'avons pas retrouvé cet extrait, ni le rapport mentionné à la fin de la lettre de Talleyrand.

par un refus positif, disant qu'il ne voulait pas plus secourir le Portugal que la Bavière, et qu'il se regardait comme tout à fait étranger à la Coalition ; 2° que, dans le renouvellement qui allait avoir lieu du traité d'alliance, conclu entre la Russie et la Prusse le 7 août 1792, il serait fait des additions secrètes, favorables à la paix et aux intérêts de la France.

Après ces confidences préliminaires, M. de Haugwitz est passé à la lecture de la dépêche originale de M. de Sandoz[1]. C'est un compte détaillé des démarches que ce ministre a faites en exécution des ordres du Roi, et par rapport au rétablissement du gouvernement civil prussien dans les provinces trans-rhénanes[2], ainsi qu'à l'admission de l'intégralité de l'Empire comme base du rétablissement de la paix. Relativement aux provinces trans-rhénanes, M. de Sandoz prétend qu'ayant continué pendant la maladie du ministre à presser une décision favorable auprès du Premier Consul, le Premier Consul a fini par lui répondre, qu'ayant consulté à cet égard un membre de l'ancien Directoire, il s'était décidé à laisser les choses sur le pied actuel jusqu'à la paix. M. de Sandoz suppose que la personne consultée est le cit. Carnot, qu'il regarde comme peu porté en faveur de la Prusse. Quant à la question de la paix, et de l'intégralité de l'Empire, M. de Sandoz annonce qu'ayant développé à cet égard les intentions du Roi, qui étaient que la République gardât toutes ses conquêtes sauf ce qui appartient à l'Empire, moyennant quoi on s'occuperait de lui faire restituer ses colonies par l'Angleterre, le Premier Consul avait répondu que c'était une discussion à remettre à des temps plus opportuns ; que le point important était de se replacer d'abord vis-à-vis de l'Autriche dans une position militaire, qui mît un frein à son ambition.

De ce compte rendu par M. Sandoz, M. de Haugwitz semblait vouloir tirer la conséquence, qu'il devait cesser la négociation entamée pour un rapprochement entre la France et la Russie. Le général Beurnonville a combattu cette opinion, et M. de Haugwitz a promis de ne négliger aucun des moyens propres à ramener la Russie, et à provoquer la paix maritime, qu'il regarde comme très importante pour les Puissances du Nord.

[1] Il y avait en réalité deux dépêches de M. de Sandoz-Rollin, qui les avait envoyées de Paris les 24 et 27 avril (Bailleu, t. I, nos 331 et 332). Il était déjà question de ces pièces dans la dépêche du général de Beurnonville du 25 floréal (15 mai), dont on a vu plus haut un extrait.

[2] Les territoires prussiens situés sur la rive gauche du Rhin, devaient, d'après l'art. 5 du traité de Bâle, continuer à être occupés par les troupes françaises jusqu'à la conclusion de la paix avec l'Empire. Quant à l'administration civile, elle était restée prussienne jusqu'au commencement de l'an VI, moment où elle fut remplacée par l'autorité française. Ce changement n'avait cessé d'attirer les réclamations de la Prusse.

M. de Haugwitz témoigne quelque joie de nos succès contre les Autrichiens ; mais elle est troublée par la crainte d'un rapprochement direct entre la cour de Vienne et nous. Le voyage du ministre Carnot lui donnait de vives inquiétudes à cet égard [1].

Au reste, il n'est plus question de Huissen ; et l'affaire des provinces trans-rhénanes est pareillement mise de côté, grâce à nos triomphes.

Une lettre arrivée de Constantinople annonce que le général Kléber se retirant sur Alexandrie, a trouvé ce port bloqué par les Anglais, qui étaient parvenus à ranger les Turcs de leur parti ; que ce général se croyant joué et perdu, a rassemblé son armée et fait un grand carnage des Turcs ; qu'il est maintenant à attendre les moyens d'un embarquement.

Copenhague, 30 floréal (20 mai). — Cette dépêche du cit. Désaugiers ne donne rien d'intéressant, et se tait sur ce qui se trouve dans celle du cit. Bourgoing, datée d'Altona.

Hambourg, 3 prairial (23 mai). — Le cit. Bourgoing apprend d'une voie qu'il croit bonne, que M. de Dreyer [2] ne reprendra point le poste qu'il occupait à Paris. Son successeur n'est pas formellement désigné : les apparences sont pour M. Waltendorff.

Une lettre très authentique, écrite de Copenhague en date du 17 mai, porte ce qui suit : « Il vient d'arriver aujourd'hui un courrier russe, qui va troubler le repos dont jouissait ce pays. Il paraît que l'empereur Paul veut faire une coalition, pour se venger de l'Angleterre et l'obliger à faire la paix. A cet effet [il] a besoin des secours de la Prusse, de la Suède et du Danemark ; mais jusqu'à présent il n'a rien encore transpiré du parti qu'il prendra : on croit qu'il suivra celui pour lequel se décidera la Prusse. »

XXIX

Paris, 16 prairial (5 juin).

Général, j'ai l'honneur de vous adresser les extraits accoutumés de correspondance.

Permettez qu'en provoquant votre attention sur la lettre où le cit. Sémonville peint les embarras de sa position présente, je vous rappelle

[1] Le ministre de la guerre, Carnot, était parti le 5 mai par ordre du P. Consul, pour détacher de l'armée de Moreau des troupes destinées à renforcer notre armée d'Italie (*Corr. de Nap.*, nos 4754 et s.). Il était de retour à Paris depuis le 20 mai.

[2] M. de Dreyer, ministre plénipotentiaire de Danemark à Paris, avait pris un congé depuis quatre mois ; mais il vint reprendre ses fonctions au commencement de l'automne.

qu'il y a déjà quelque temps que je vous ai prié de me faire connaître vos intentions par rapport à la Batavie. L'ignorance où je suis des ordres et des pouvoirs que vous avez transmis au général Augereau, me met dans l'impossibilité de donner au cit. Sémonville des directions convenables et suffisantes pour tous les cas. Cependant je connais trop bien vos intentions générales et les principes de votre administration, pour hésiter.

XXX

Correspondance extérieure du 14 au 16 prairial (3 à 5 juin).

Altona, 6 prairial (26 mai). — Le cit. Bourgoing revient sur l'avis qui lui a été donné des démarches de la cour de Russie auprès de celle de Danemark, relativement à une sorte de ligue des puissances du Nord contre la domination exclusive des Anglais sur mer. Le ministre de Suède à Hambourg, M. de Peyron, a dit au cit. Bourgoing que cette alliance des cours du Nord était fort à désirer; que le roi de Suède y entrerait volontiers et contribuerait de tous ses moyens à la rendre efficace; que déjà il s'entendait sur ce point, comme sur beaucoup d'autres, avec l'empereur de Russie; que sans doute le Danemark se lierait à l'intérêt commun; qu'il fallait que sans délai ces trois Puissances se concertassent pour fermer la Baltique aux Anglais; que c'était la seule manière de réprimer leur insolence; et que si, comme sa cour le voulait, cette résolution était prise dans le mois d'août prochain, elle enlèverait d'un seul coup à l'Angleterre trente mille matelots, dont la privation subite aurait dans tous les ports de ce pays un contre-coup très fâcheux pour le gouvernement. M. de Peyron ajoutait qu'il fallait le concours de la Prusse; que la Russie le réclamait, et que la politique de ces deux cours était en tout point réunie.

Dresde, 1ᵉʳ prairial (21 mai). — « Les succès rapides du général Moreau causent de la joie aux habitants et beaucoup de tristesse à la cour. Excepté l'électeur, qui reste froid et silencieux, tout le monde est dans la consternation. La douleur du prince Antoine est si vive, qu'il n'a pu en cacher ses larmes. Les liens du sang qui unissent sa femme à l'Empereur [1] n'excusent pas aux yeux de beaucoup de gens ce tendre attachement pour l'Autriche, et on en tire de funestes conséquences pour le sort de la Saxe, s'il parvient à la dignité électorale. »

---

[1] Le prince Antoine, frère et héritier présomptif de l'électeur de Saxe, avait épousé en secondes noces la princesse Marie-Thérèse, sœur de l'empereur François II.

La Haye, 10 prairial (30 mai). — L'envoyé de la République avait, pendant l'absence du général en chef, obtenu du Directoire batave la promesse d'un secours extraordinaire pour habiller l'armée, pourvoir à ses besoins et liquider un assez grand nombre de réclamations arriérées. On discutait sur la quotité. Le Directoire batave paraissait décidé à porter cette somme à un taux à peu près proportionné aux circonstances. Le général en avait personnellement acquis la certitude, et tout annonçait une conclusion prochaine, à la satisfaction commune, lorsque de nouvelles communications, transmises par le ministre de la guerre au général Augereau, ont donné lieu à un excès d'aigreur dont on peut difficilement calculer les suites; et il est possible que les divisions se portent au point, que le général Augereau se détermine spontanément à faire usage des pleins pouvoirs reçus du Premier Consul par une lettre écrite de Lausanne le 26 floréal (16 mai)[1].

Ces pouvoirs, le cit. Sémonville ne les connaît pas. Il déclare qu'il connaît encore moins l'ordre de choses qu'il serait convenable d'établir brusquement en Hollande. Il a été le premier à faire observer combien trop souvent les premiers fonctionnaires bataves ont manifesté de l'éloignement pour l'alliance française; mais il n'est pas sûr que ceux par qui on les remplacerait, s'en rapprochassent davantage. La moindre erreur, commise dans l'exécution d'un pareil plan, suffirait peut-être pour entraîner des démissions unanimes dans toutes les autorités de la république; ce qui mènerait à une désorganisation complète.

Le cit. Sémonville réclame des instructions, pour régler sa conduite dans les circonstances graves qui peuvent se présenter.

XXXI

Paris, 18 prairial (7 juin).

Général, j'ai reçu votre lettre du 12 (1er juin)[2]. Je viens d'envoyer au général Moreau[3] celle pour M. de Thugut. J'ai pensé que la voie accoutumée, se trouvant aussi la plus expéditive, était la plus convenable.

[1] Cette lettre manque dans la *Corr. de Nap.*
[2] *Corr. de Nap.*, n° 4860.
[3] Talleyrand à Moreau; Paris, 18 prairial (7 juin) : « Général, conformément aux intentions du P. Consul j'ai l'honneur de vous transmettre une lettre pour M. de Thugut, que je vous prie de lui faire parvenir sans délai par la voie accoutumée. » — La lettre à M. de Thugut est celle dont il a été question (pièce XV).

Vous aurez vu, par mes précédentes, combien j'étais frappé de la nécessité de rouvrir quelque communication avec la Russie. Il n'y a que des émigrés qu'on puisse employer à cet égard, et il en faut qui aient de la considération. J'avais fait écrire à M. de Choiseul [1]; mais il se trouve que dans ce moment son crédit est effectivement perdu : il en convient lui-même et il est au regret de ne pouvoir servir. J'ai la certitude qu'un des Caraman (Victor), qui a été envoyé par la Prusse à Pétersbourg [2] et qui y est bien posé, ne demande pas mieux que de nous être utile. J'emploierai cette voie, et je m'en servirai d'abord pour apprendre au juste ce qui se passe, ensuite pour exciter, pour entretenir la très vive colère qui se manifeste plus que jamais contre l'Angleterre : car c'est là surtout ce qui nous intéresse.

Ci-joint l'extrait accoutumé de correspondance.

XXXII

[Vers le 18 prairial : 7 juin].

Berlin, 4 prairial (24 mai). — Après les revues de Postdam, celles de Berlin ont eu lieu, et le Roi se dispose à partir pour faire celle des troupes stationnées dans la Poméranie et la Prusse méridionale. Son absence sera de quatorze jours.

Au commencement d'un bal donné le 3 prairial (23 mai), le Roi a demandé au général Beurnonville pourquoi il n'avait point assisté à toutes les manœuvres de Postdam. Celui-ci a répondu qu'il n'avait pu y rester le dimanche, parce qu'il avait un rendez-vous chez M. de Haugwitz, de qui il espérait apprendre quelque chose de positif, mais

---

[1] M. de Choiseul-Gouffier, ancien ambassadeur de France à Constantinople. Dans un rapport, remis au P. Consul avant l'ouverture de la campagne, Talleyrand disait : « Il existe à Pétersbourg un homme qui a joui d'un très grand crédit, qui en conserve encore, c'est M. de Choiseul-Gouffier. Nous avons passé ensemble quinze années de notre vie dans une intimité qui ne peut avoir perdu toute sa force. Nous eûmes par rapport aux affaires du Levant des idées communes, qui sûrement subsistent encore chez lui et peuvent devenir la base d'une négociation importante. Depuis qu'il est en Russie, j'ai reçu une fois de ses nouvelles ; et, si la proposition avait été faisable à l'ancien Directoire, je n'aurais pas hésité à envoyer quelqu'un auprès de lui. Je suis instruit qu'il désire rentrer en France et que, s'il trouve un moyen de servir son pays, il le servira avec empressement. Si donc le P. Consul m'y autorise, je chercherai les moyens de faire sonder M. de Choiseul, et j'ose ne pas douter que, dans l'espoir de revoir sa patrie, il emploiera volontiers son crédit, ses talents, pour détacher la cour de Russie de ses engagements actuels, et l'amener à une négociation avec la France. Je demande que cette ouverture reste dans le plus profond secret. »

[2] En réalité, c'était comme représentant de Louis XVIII que M. de Caraman, alors au service de la Prusse, avait été envoyé à Pétersbourg.

dont il n'avait reçu que ce qu'il reçoit depuis quatre mois, c'est-à-dire rien. Le Roi, qui sentit où cette conversation pouvait mener, continua à parler manœuvres.

M. de Zastrow[1], revenant à la question des limites, a parlé d'une ligne qui laissait en dehors la presque totalité des possessions de l'Empire sur la rive gauche, offrant à ce prix la formation d'une ligue du Nord qui ferait restituer par l'Angleterre nos colonies et celles de nos alliés.

M. de Haugwitz annonçant que le Premier Consul devait être au-delà du Mont-Cenis, — « et peut-être bientôt au-delà de l'Adige », a répondu le général Beurnonville. « Il fait seul la besogne de la Prusse et de la Russie. En serez-vous au moins reconnaissants, et de votre côté le seconderez-vous ? »

L'envoyé de Bavière disait hier à celui de la République, que la Russie était peut-être plus dans le sens de la France que la Prusse, attendu que le tsar ne demandait qu'à agir et à se venger de l'Autriche, tandis que la Prusse était bien décidée à demeurer dans l'inaction.

Le général Beurnonville transmet un article très curieux de la gazette de Pétersbourg : « Offenbourg. — Les forces que les Français ont envoyées en Suisse sont réellement formidables. Si Bonaparte réussit dans ce qu'il entreprend, s'il parvient à passer le mont Saint-Gothard et à battre l'armée autrichienne, l'Empereur se trouvera forcé de signer la paix. Le plan de cette campagne pour Bonaparte est pleinement connu : il s'est proposé de conduire une armée sous Gênes, tandis qu'une autre s'avancera par la Suisse. Les deux armées doivent opérer leur jonction auprès du Pô, vers Crémone. »

La nouvelle relative au général Kléber se soutient. Cependant le chev. d'Ohsson, envoyé de Suède à Constantinople, et qui est arrivé hier de cette résidence, n'en ayant aucune nouvelle directe, la regarde comme controuvée, d'autant plus qu'elle part de Vienne.

Cassel, 1er prairial (21 mai). — Il n'y a dans cette lettre que la phrase suivante qui soit à noter : « Il paraît que le projet d'alliance présenté par M. de Krüdener au cabinet de Berlin ne sera point agréé. »

Cette information n'est pas d'accord avec celles que Beurnonville nous transmet.

XXXIII

Paris, 19 prairial (8 juin).

Général, je ne passerai point cette journée sans vous écrire, ayant à

---

[1] Adjudant-général prussien.

vous communiquer des nouvelles de Constantinople qui confirment la reprise des hostilités en Égypte [1].

Je joins ici les extraits accoutumés.

Tous les bulletins de Suisse ayant apporté ici la nouvelle que Reinhard m'avait mandée, il n'a pas été en mon pouvoir d'en empêcher la publication [2], et j'en ai eu du regret, car je ne puis vous taire qu'elle a réellement produit un mauvais effet, jusque parmi les hommes à argent qui spéculent trop sur votre vie pour que le danger que vous paraissez avoir couru n'ait pas influé sur les fonds publics. Ils sont tombés hier de 33 à 30.

J'ose espérer encore qu'il n'y a pas un mot de vrai dans cette rencontre. N'ayant plus de vœux à former pour votre gloire militaire, je les porte tous vers votre conservation, qui est encore et pour longtemps le seul gage de notre fortune publique.

J'apprends que vous êtes à Milan. Je ne puis pas vous dire que j'en sois surpris ; mais j'aperçois dans cet événement tous ceux qu'il renferme, et qui vont se développer pour le rétablissement de la paix et le bonheur du monde.

XXXIV

Correspondance extérieure du 19 prairial (8 juin).

Berlin, 7 prairial (27 mai). — Le général Beurnonville annonce qu'il aura l'occasion de faire, dans la journée même, usage des raisons qui lui ont été indiquées, ayant reçu de M. de Haugwitz un rendez-vous dont il ignore l'objet. Il sait seulement que la veille du départ du Roi, ce ministre a travaillé longtemps avec Sa Majesté.

La ligne de limites dont parlait M. de Zastrow, est aussi indiquée par le prince de Hohenlohe. Elle serait formée par la Queich, la Blise et la Sarre ; elle conservait à l'empire Mayence, Trèves et Cologne, et tout ce que nous avons conquis à la gauche du Rhin. Il paraîtrait que telle était la proposition qu'on devait faire en réponse à nos ouver-

---

[1] La phrase est complétée ainsi sur la minute « mais qui établissent d'une manière positive que c'est le refus des Anglais qui en a été cause, et que c'est aussi contre eux que se porte la grande colère du Divan. »

[2] On racontait que le soir du 23 mai, sur les pentes du grand Saint-Bernard, Bonaparte, presque seul, avait été surpris par un détachement autrichien ; qu'après avoir couru risque d'être enlevé ou tué, il avait su attendre l'arrivée de ses grenadiers et fait prisonniers les Autrichiens. Ce récit, répété par M. Reinhard, d'abord dans un bulletin annexé à sa dépêche du 12 prairial (1er juin), puis dans sa dépêche du 15 (3 juin), défrayait les gazettes suisses, et de là venait de passer dans les journaux français (voir, par exemple, *la Clef du Cabinet* du 20 prairial ; 9 juin).

tures. Le général Beurnonville a exprimé son étonnement sur une proposition que l'Autriche elle-même n'oserait pas faire.

L'envoyé de Russie à Munich vient d'être aussi rappelé.

Altona. 10 prairial (30 mai). — Malgré ce qu'on a mandé de Pétersbourg, il paraît de plus en plus probable que Dumouriez ne sera plus employé par nos ennemis.

Le banquier de Hambourg qui est chargé des opérations financières de la cour de Vienne, a dit au cit. Bourgoing qu'elle refusait de recevoir les nouveaux subsides que lui offre celle de Londres, et dont les fonds étaient déjà faits.

Il a été dit de même au cit. Bourgoing qu'un chev. de Lambert partait pour Paris sous le nom de Montferont avec des pleins pouvoirs du Prétendant, et qu'il emmenait avec lui un certain Desaulié, connu à Hambourg par son royalisme effréné. J'envoie au ministre de la police le signalement de ce M. de Lambert.

Le roi de Suède paraît aussi peu disposé que Paul Ier à caresser l'orgueil du gouvernement britannique. Offensé de la légèreté dédaigneuse avec laquelle il en est traité, dans les circonstances les plus graves comme dans les plus minimes, il a fait choix pour résider auprès de lui, du dernier commis de son bureau des affaires étrangères. C'est le ministre de Suède qui a confié cette particularité au cit. Bourgoing, en lui assurant que son maître n'oublierait jamais l'insulte faite à son pavillon par les Anglais, et qu'il était, plus qu'on ne pouvait croire, capable d'un ressentiment profond.

XXXV

Paris, 21 prairial (10 juin).

Général, j'ai reçu toutes vos lettres du 15 (4 juin)[1]. Vous ne doutez pas de mon empressement à remplir les instructions qu'elles m'apportent. J'ai écrit dès aujourd'hui au cit. Sémonville dans les termes les plus excitants[2]. Vous verrez, par l'extrait de sa dernière dépêche, que

---

[1] *Corr. de Nap.*, n°s 4870 à 4875.

[2] Talleyrand à Sémonville; Paris, 21 prairial (10 juin) : « Je reçois votre lettre du 15 (4 juin) n° 42, et en même temps il m'en arrive une du P. Consul qui, sans me donner des notions suffisantes pour répondre à toutes vos questions, me met cependant dans le cas de vous transmettre des instructions auxquelles vous vous empresserez de vous conformer. » Le P. Consul demande 7000 Bataves. « Il ne s'agit plus de s'arrêter à de vains prétextes, que les Bataves n'ont pas cessé de mettre en avant... Vous vous exprimerez donc de manière à ne pas laisser la possibilité d'un refus ; car il m'est évident que le P. Consul ne veut plus en éprouver sur des points si intimement liés à l'intérêt commun... Nous avons le droit et la force pour nous... » [Cette dernière phrase est empruntée à la lettre du P. Consul, n° 4871].

le gouvernement batave vient de faire quelque chose de ce qui lui avait été demandé ; mais il faut qu'il fasse tout ce qui est nécessaire. Je marque à Sémonville que vous êtes très mécontent des refus, très ennuyé des délais, et que décidément vous ne voulez des uns ni des autres. J'écrirai pareillement aujourd'hui au cit. Schimmelpenninck en termes convenables.

Je ne négligerai pas de m'occuper de la Russie.

Et par rapport aux intercessions faites ou à faire en faveur de Dolomieu, vos intentions seront remplies. La seule part que nous ayons prise à ces mesures a été la publication de la circulaire, qui fut faite lors de son emprisonnement et sous le ministère de mon prédécesseur. La lettre du roi d'Espagne au roi de Naples n'a été qu'une conséquence de l'effet produit par cette circulaire. Il n'a été donné aucune suite à la demande de l'intervention du Pape. Elle ne sera plus réclamée, et Dolomieu ne devra probablement sa liberté qu'à l'impression des succès éclatants de l'armée de réserve en Italie.

XXXVI

[21 prairial : 10 juin].

La Haye, 15 prairial (4 juin). — Le cit. Sémonville annonce qu'une partie des difficultés formées contre les demandes du général en chef est encore levée. Le gouvernement batave consent à équiper extraordinairement quatre mille hommes. Il acquitte le plus grand nombre des réclamations présentées après la dernière campagne. Au lieu d'un camp sous Berg-op.-Zoom, il met à la disposition du général quatre ou cinq bataillons dirigés vers les îles de la Zélande.

Le professeur Van Suruden a été nommé membre du directoire batave. C'est celui qui était venu à Paris pour les poids et mesures. On le représente comme entièrement dévoué à l'alliance française.

XXXVII

Correspondance extérieure du 21 prairial (10 juin).

Dresde, 8 prairial (28 mai). — Le cit. Lavalette a reçu une lettre du chev. de Bray, qui n'a pour objet que de justifier la Bavière, et d'établir qu'entraînée inévitablement et par de fausses combinaisons étrangères dans la guerre contre la France, elle se trouve aujourd'hui dans l'impossibilité d'en sortir séparément.

Tout ce qui tient à l'Angleterre et à l'Autriche est au désespoir. Un des plus marquants disait hier dans une société nombreuse: « Si Gênes eût été prise, nous avions gagné la partie. Nos vaisseaux dans Gênes,

Melas en Suisse donnant la main à Kray, et la légion de Condé en Corse, avec des Anglais pour multiplier les descentes sur les côtes de Provence et faire une bonne Vendée dans ce pays : dites-moi comment le général Bonaparte s'en serait tiré ? »

XXXVIII

Paris, 23 prairial (12 juin).

Général, voici de nouveaux détails à l'appui de ceux que j'ai déjà eu l'honneur de vous transmettre.

La majeure partie des lettres de change sur Paris, Bordeaux et Bayonne, que R. Babouin, négociant à Augsbourg, chargé des opérations d'argent de l'Anglais Wickham, s'est procurées à Hambourg ou ailleurs, sont presque toutes endossées à l'ordre de D. Souters, qui a passé toutes celles sur Bordeaux et Bayonne au nommé Perez aîné qui, sans être domicilié ni connu à Bordeaux et à Bayonne, est venu dans ces deux villes pour y toucher lui-même le montant de toutes ces lettres de change (aussi ne faut-il pas le confondre avec un cit. Perez aîné, établi à Bordeaux, qui n'a aucun rapport avec cette opération).

On a cherché à savoir ce que c'était que ce Perez aîné (celui qui n'a point domicile à Bordeaux) et un courtier estimé à Bordeaux, le cit. Prunié, qui repousse toute idée de soupçon sur son compte et que l'on a su avoir fait des affaires avec lui lors de son séjour à Bordeaux. [Prunié] a justifié qu'il ne le connaissait que sur la recommandation d'un Américain de ses amis, qui le lui avait recommandé pour Américain aussi venu en France avec de la fortune. Ce même courtier a rendu compte depuis, que Perez lui avait écrit de Lyon (sans donner son adresse) pour le prévenir qu'il lui ferait de nouvelles remises. Il n'est pas douteux que le Perez aîné, Américain (ou se disant tel), circule dans différentes villes (sans y être connu), pour des affaires d'argent pour lesquelles il a des rapports directs avec les agents du ministre anglais Wickham.

Les lettres de change sur Paris endossées par R. Babouin d'Augsbourg à D. Souters, sont passées par ce dernier à l'ordre des cit. Cinot et Charlemagne, ou à celui d'Emmerich frères, négociants à Paris et connus pour avoir des liaisons d'intérêt et d'amitié avec l'ex-constituant d'André. Ce sont eux qui en reçoivent le montant, et ce n'est que par eux, ou par le dépouillement de leurs livres de commerce, que l'on pourrait savoir ce qu'ils font de ces fonds, à qui ils les remettent, ou à qui ils les font passer.

XXXIX

Paris, 25 prairial (14 juin).

Général, j'ai l'honneur de vous transmettre l'extrait accoutumé de correspondance.

Je suis sans aucunes nouvelles d'Espagne. Celles de Prusse sont, comme vous voyez, peu intéressantes. M. de Sandoz, que je vois souvent, ne me parle ni de paix ni de guerre. La nouvelle de la reddition de Gênes nous est parvenue[1], entourée de faits si brillants et compensée par tant de succès et d'espérances, qu'elle n'a point fait ici une impression aussi forte qu'on aurait pu le craindre.

Le sentiment général, c'est le dépit de voir que l'armée de Mélas, qui paraissait perdue, puisse à présent vous échapper par la mer.

XL

Correspondance extérieure du 23 au 25 prairial (12 à 14 juin).

Berlin, 11 prairial (31 mai). — Une lettre du Roi relative à M. d'Esterno, fils de l'ancien ministre de France à Berlin[2], a été le prétexte du rendez-vous donné par M. de Haugwitz au général Beurnonville le 6 prairial (26 mai) ; mais le désir de connaître la marche et les intentions du Premier Consul en a été le véritable objet.

Le général Beurnonville juge superflu d'entrer dans tous les détails de cet entretien, que la stérile fécondité de M. de Haugwitz a prolongé pendant trois grandes heures. « C'est une admiration sans bornes pour les talents du Premier Consul, un attachement sincère à la République française, alliée naturelle de la Prusse. C'est une méfiance raisonnée du caractère de Paul Ier, qu'on veut lier solidement avant de s'engager avec lui dans des opérations communes. C'est du côté du Roi une délicatesse scrupuleuse, qu'aucune considération ne peut déterminer à proposer le démembrement de l'Empire. C'est une volonté décidée de nous soutenir, si nous éprouvons des revers en Italie ; c'est encore le projet d'une ligue du Nord, qui tendrait à limiter la navigation britannique et à faire restituer par cette Puissance les colonies qu'elle a conquises sur la France et ses alliés. C'est enfin le rétablissement en Europe d'un juste équilibre, qu'il convient à la Russie et à la Prusse d'opérer, en y faisant concourir le Danemark et la Suède... Tels sont les textes principaux des longues dissertations de M. de Haugwitz ; mais en

---

[1] Bulletin de l'armée du 19 prairial : 8 juin (*Corr.*, n° 4900). — Ces nouvelles ont été publiées dans les journaux du 26 (15 juin) : voir, par exemple, *La Clef du Cabinet*, de ce jour.

[2] En 1788.

définitive il ne pose aucun fait, et il s'en excuse sur la déclaration qu'il prétend avoir été faite par le Premier Consul à M. de Sandoz, qu'il remettait à un temps plus opportun à profiter des bons offices de S. M. prussienne. »

M. de Haugwitz ne croit pas que la République et l'Empereur puissent faire une paix solide, sans l'intervention de la Prusse et de la Russie (ce qui veut dire qu'il le craint). Le général Beurnonville lui a observé que toutes les démarches du Premier Consul prouvaient qu'il eût effectivement préféré cette voie d'accommodement, mais en même temps il a eu soin de lui laisser ses doutes et ses inquiétudes.

Il paraîtrait que le renouvellement du traité du 7 août 1792 a eu lieu entre la Prusse et la Russie, mais sans aucuns articles additionnels, le cabinet prussien, toujours dans l'attente des événements, n'ayant point voulu prendre d'engagement anticipé sur les affaires de la pacification.

M. d'Engeström, ministre de Suède, a obtenu un congé de sa cour pour s'absenter de Berlin pendant quelques mois. Avant son départ, il a de nouveau entretenu le général Beurnonville du désir qu'il a de voir renaître la bonne harmonie entre la France et la Suède ; mais il croit qu'il convient à la République d'attendre que la Suède se prononce. C'est le comte de Fersen, ennemi juré de la France, qui entretient l'espèce de mésintelligence actuellement existante ; mais il y a lieu de croire que son crédit ne se soutiendra pas.

J'observe que nous sommes justement vis-à-vis de la Suède dans la mesure qu'indique M. d'Engeström. Nous avons reçu il y a quelques mois, une sorte d'insinuation. Nous y avons répondu sur le champ : nous en attendons l'effet.

Altona, 13 prairial (2 juin). — Le banquier de Hambourg qui fait les affaires de la cour de Vienne, a eu une longue conversation avec le cit. Bourgoing. Il lui a assuré que depuis deux ans l'Empereur n'avait pas reçu un schelling de l'Angleterre ; qu'en ce moment l'Angleterre réitérait ses offres avec instance, mais qu'elle y mettait des conditions auxquelles la cour de Vienne répugne invinciblement, et que les sommes accordées par le Parlement au gouvernement britannique servaient à soudoyer le corps des Suisses émigrés, les troupes de Wurtemberg, celles de Bavière et à fournir aux corruptions de Wickham.

On est dans la persuasion, à Hambourg, que l'animosité de la Russie n'est pas moindre contre la cour de Vienne que contre celle de Londres. On croit avoir la certitude que l'empereur Paul vient de faire proposer au roi de Prusse de fournir sur le champ une alliance offensive et défensive contre l'Autriche. Le roi de Prusse doit avoir répondu que, s'il s'agissait d'un traité en vertu duquel les deux Puissances se garantiraient l'intégralité de leurs possessions, il s'y prêterait volontiers et concerterait avec l'empereur de Russie une neutralité armée très imposante, mais qu'il n'avait aucune passion de s'engager dans une guerre offensive.

XLI

Paris, 27 prairial (16 juin).

Général, j'ai eu l'honneur de vous dire ce que j'avais conçu par rapport à la Russie. Je tiens toujours à cette idée et j'en poursuis l'exécution. C'est de Victor de Caraman qu'il faut se servir.

Des lettres d'Otto [1] m'apprennent que le gouvernement anglais, instruit des ordres qui avaient été donnés en France pour la sûreté des pêcheurs anglais, vient d'enjoindre par réciprocité aux vaisseaux et croiseurs de sa nation de respecter les pêcheurs français et bataves. Otto va faire les démarches nécessaires pour obtenir les passeports et sauf-conduits qu'exige l'expédition du capitaine Baudin [2]. En général, je n'ai qu'à me louer du zèle, de la conduite et de la correspondance de cet agent.

On a reçu, hier au soir, communication de la lettre que vous écriviez de Broni au conseiller d'État Pétiet [3]. La brillante nouvelle qu'elle annonce a excité le plus vif enthousiasme et achevé de détruire l'impression qu'avait produite la fatale capitulation de Gênes.

Je joins ici les extraits de correspondance.

XLII

[27 prairial : 16 juin].

Aranjuez, 13 prairial (2 juin). — Le cit. Alquier rend compte d'un entretien avec M. de Urquijo. Ce ministre lui fait part des obstacles qui s'opposaient à Dresde à la conclusion du mariage du prince des Asturies avec la princesse de Saxe. L'électeur, observateur de sa parole, tient aux engagements qu'il a pris; mais sa famille est dévouée à l'Autriche et cherche à faire prévaloir l'union proposée avec le

---

[1] Note du « Transport office » du 2 juin, annexée aux dépêches d'Otto du 15 prairial (4 juin).
[2] Le cap. Baudin avait reçu du P. Consul l'ordre d'entreprendre un voyage scientifique autour du monde (Dép. de Talleyrand à Otto, du 29 floréal : 19 mai).
[3] Le P. Consul y rendait compte du combat de Montebello, livré le 9 juin (*Corr.* n° 4906). Cette lettre, envoyée par M. Pétiet à Cambacérès, a été publiée en partie dans les journaux (Voir *la Clef du Cabinet*, du 28 prairial : 17 juin).— Broni est sur la rive droite du Pô, un peu au sud de Stradella.

4.

prince Charles. Le moyen qu'elle semble employer aujourd'hui avec le plus d'apparence de succès, est l'insinuation donnée par la cour de Vienne que, dans les négociations de la paix prochaine, l'Autriche espère amener la France à un accord pour former à l'archiduc une souveraineté héréditaire et indépendante. Cette ouverture a été reçue à Dresde avec une faveur qui donne à l'Espagne les plus vives inquiétudes. M. de Urquijo en a développé tous les motifs. Si le mariage avec la fille de l'électeur de Saxe n'a pas lieu, où trouver une princesse pour l'héritier de la couronne d'Espagne ? La cour de Portugal ne peut offrir qu'un enfant de huit ans. De nouveaux nœuds de famille avec la cour de Naples répugnent trop aux sentiments personnels de la reine et du roi, et donneraient à la cour de Naples des moyens d'ascendant que l'un et l'autre sont bien décidés à ne pas lui laisser prendre.[1] Reste la cour de Vienne, et on sait à quel usage la maison d'Autriche destine l'influence de ses archiduchesses. La cour d'Espagne s'attache donc plus fortement que jamais, et par les motifs de sa politique, et par l'intérêt de sa tranquillité domestique, au plan, depuis longtemps arrêté, de l'alliance avec la cour de Saxe. M. de Urquijo a été chargé d'en parler avec la plus grande insistance au cit. Alquier, et celui-ci expose la multitude des considérations qui se présentent d'elles-mêmes et qui doivent nous intéresser au succès des vues de la cour d'Espagne.

Je répondrai au cit. Alquier que je vous ai fait part de l'entretien qu'il a eu avec M. de Urquijo; que j'approuve la persévérance du ministère espagnol dans le projet d'union de la maison de Saxe à celle d'Espagne; que l'ouverture de la cour de Vienne, loin de refroidir son zèle doit l'encourager, puisque le prétendu accord mis en avant par les partisans de la maison d'Autriche à Dresde, est encore en hypothèse, et que, quelque parti que la France prenne à l'égard des propositions qui pourraient lui être faites relativement au sort futur du prince Charles, la condescendance qu'elle pourrait donner à de telles vues sera toujours subordonnée non seulement aux intérêts politiques de ses alliés, mais encore aux vœux personnels d'une cour aussi particulièrement liée avec le gouvernement de la République que l'est la cour d'Espagne.

Dans une autre lettre, le cit. Alquier mande que M. de Coigny[2], qui prend le titre d'ambassadeur de France à Lisbonne, en notifiant à M. le duc de Frias, ambassadeur de S. M. Catholique, la mort de Madame

---

[1] C'était cependant une princesse napolitaine que le prince des Asturies devait épouser, pendant l'automne 1802.
[2] Représentant de Louis XVIII à la cour de Portugal.

Adélaïde[1], a demandé, au nom de ses petits neveux, la réversion d'une pension de 35.000 piastres que la cour d'Espagne lui avait accordée. M. de Urquijo a écrit à M. le duc de Frias qu'il pouvait prévenir le comte de Provence (c'est le titre que la cour d'Espagne donne au Prétendant) que la pension de Madame Adélaïde était supprimée. — « J'aurais voulu, a-t-il dit à M. Alquier, vous féliciter plus tôt ; mais vous savez comment vous étiez placé[2]. C'est bon ; nous allons bien ; nous les avons battus ; nous les battrons. »

Berne, 19 prairial (8 juin). — Le cit. Reinhard rend un compte très satisfaisant de l'état des esprits en Suisse. Ce qui reste de malveillance contre les Français n'est que le tort de quelques individus. L'année dernière a vu éclater dix révoltes différentes ; cette année, assez orageuse en débats de tribune, n'a pas produit un seul désordre.

Les autorités, à très peu d'exceptions près, rivalisent de zèle quand il s'agit de concourir par le travail et les secours à la défense commune. Nos forces militaires en cantonnement en Helvétie ne montent pas à beaucoup près en ce moment ci à mille hommes. Dans tout autre pays, on risquerait de se croire en sûreté avec aussi peu de moyens de garantie ; mais le bruit de nos victoires tient ici lieu d'une armée, et la considération qui en résulte, en popularisant notre cause dans l'opinion d'une nation guerrière, prévient le souvenir de tout ce que cette cause lui a coûté de maux et de sacrifices.

XLIII

Paris, 1er messidor (20 juin).

Général, je joins à l'extrait accoutumé de correspondance[3] une lettre de Pétersbourg, qui m'est transmise par le cit. Bacher et qui, si elle ne renferme pas des faits nouveaux, ajoute du moins à la gravité de ceux qui nous sont connus. Il résulte en effet de tout ce que nous apprenons, que l'animosité est au plus haut point entre la Russie et l'Angleterre ; et, quoique nous ne soyons pas encore fondés à en conclure que les dispositions de l'empereur russe nous deviennent personnellement favorables, il paraîtrait cependant que ses ministres à Berlin, à Hambourg, et son chargé d'affaires à Dresde commencent à se mon-

---

[1] Madame Adélaïde, tante de Louis XVIII, était morte à Trieste au mois de février.

[2] « En effet, ajoute Alquier dans sa dépêche, je me trouvais alors entre l'ambassadeur de Portugal et le chargé d'affaires d'Autriche. »

[3] Cet extrait n'a pas été retrouvé. — La lettre de Pétersbourg, datée du 1er mai (Aff. étr. *Allemagne*, 761, f. 202, et Arch. nat. AF IV 1696) était annexée à la dépêche de Bacher du 20 prairial (9 juin).

trer moins arrogamment ennemis et tendent même à quelque rapprochement, d'abord avec l'Espagne ; ce qui serait un préalable pour arriver à nous. Je suis avec soin ces divers indices; car si on doit se garder de faire aucune imprudence, il faut éviter aussi de perdre le premier moment qui sera bon pour agir.

Le roi de Prusse a écrit à M. de Sandoz qu'un courrier de Londres avait passé à Berlin, se rendant à Vienne. Il lui apprend que le cabinet de Saint-James se montre moins éloigné de travailler à la pacification, et que si le continent pouvait revenir entièrement à ses formes et à sa division précédente, la Grande-Bretagne ferait volontiers pour sa part le sacrifice de ses acquisitions. Le roi de Prusse témoigne son étonnement à cet égard.

Il se peut que la cour de Londres ait exprimé cette opinion, d'autant qu'elle sait bien que ce retour absolu à l'ancien ordre de choses est impossible; mais je demeure convaincu que cette modération n'est que d'apparat; que l'Angleterre persiste à vouloir retenir ce qu'elle a pris aux Hollandais, à argumenter sur les Espagnols, et que ses prétentions à cet égard vont même plus loin qu'en l'an V[1]. J'ai des notions assez sûres à ce sujet.

Ayant, suivant vos intentions, général, communiqué au cit. Schimmelpenninck la demande que vous avez adressée à son gouvernement pour que un corps de sept mille Bataves soit mis à la disposition du gouvernement français, l'ambassadeur batave m'a prévenu qu'il s'était empressé d'écrire à La Haye pour exciter son gouvernement à se conformer à vos vues.

XLIV

Paris, 2 messidor (21 juin).

Général, j'arrive des Tuileries. L'audience des ambassadeurs ne pouvait être plus brillante, et je n'essaierai pas plus de vous peindre l'enthousiasme des Français, l'admiration des étrangers, que les sentiments particuliers dont m'a rempli la lecture de la lettre que vous avez écrite aux Consuls[2]. Quel début et quel dénouement! La postérité pourra-t-elle croire aux prodiges de cette campagne? Sous quels auspices votre retour nous est promis! Il n'y a point eu d'empire qui ne fût fondé sur le merveilleux, et ici le merveilleux est la vérité.

---

[1] Au moment des conférences de Lille.
[2] Lettre du 26 prairial (15 juin) annonçant la victoire de Marengo (*Corr.* n° 4909).

XLV

Paris, 3 messidor (22 juin).

Général, je dois commencer cette lettre par vous assurer qu'on a retrouvé hier à Paris cet enthousiasme, cette unanimité de sentiments, de joie et d'espérance qui avaient marqué les premiers et les plus beaux jours de la Révolution. Aux Tuileries, aux spectacles et dans les places publiques, on ne s'entretenait que des prodiges dont on avait reçu la nouvelle, et si le peuple français a été content de son armée, il est fier de son général.

Je vous transmets peu de nouvelles de l'étranger. Nulle part on n'est plus occupé que de ce qui se passe en Italie, et c'est à Marengo que le sort de l'Europe aura été décidé.

Si nous voulions croire aux nouvelles de Hambourg, la quadruple alliance serait déjà conclue. A Berlin, au contraire, le cabinet nie qu'il en soit question. Quelques semaines doivent éclaircir ce mystère.

Je n'ai point de lettre officielle de La Haye; mais Sémonville annonce confidentiellement que le général et lui ont déjà obtenu une grande part des sept mille hommes : quatre bataillons d'infanterie, un de chasseurs, deux escadrons de dragons, une compagnie d'artillerie légère. On dispute pour dix-huit cents hommes ; on les obtiendra. Le cit. Schimmelpenninck me l'a dit hier positivement.

Je joins ici, général, un court extrait de correspondance [1].

XLVI

Paris, 5 messidor (24 juin).

Général, j'ai l'honneur de vous transmettre, avec un extrait de la correspondance de Madrid, divers états et bulletins que j'ai reçus du cit. Bacher, et qui m'ont paru propres à vous être communiqués.

Le cit. Sémonville m'avait prévenu qu'il se flattait que ses efforts, joints à ceux du général en chef, obtiendraient les sept mille hommes demandés. L'ambassadeur batave m'en apporte dans ce moment l'avis positif [2]. Je reconnais dans la promptitude de cette détermination l'in-

---

[1] Cet extrait fait défaut.
[2] M. Schemmelpenninck à Talleyrand ; Paris, 24 juin : « Un courrier extraordinaire, qui vient de m'arriver dans le moment même, m'apporte l'ordre de mon gouvernement de vous annoncer officiellement que l'appel que le P. Consul a fait à l'armée batave ne sera pas vain, et que les 7,000 hommes qu'il désire vont être immédiatement mis à sa disposition... »

fluence de nos succès. De tous côtés elle se fait sentir, et l'enthousiasme a de la durée parce qu'il a des bases.

Je me suis porté à croire que ce Duperou [1], qui a été arrêté ici comme agent anglais, était lui-même un des employés de Wickham, et que toute cette affaire est une branche de celle dont je vous ai donné le détail.

XLVII

5 messidor (24 juin).

Aranjuez : 23 prairial (12 juin). — Le cit. Alquier fait part d'un entretien avec M. de Urquijo sur les probabilités d'un rapprochement prochain entre les cours de Russie et d'Espagne, et sur les avantages que la France peut en retirer, pour assurer les vues de pacification générale que le Premier Consul ne cesse de manifester. Le cit. Alquier a cherché à intéresser l'ambition du ministre, par la perspective de la part de gloire qui lui reviendrait d'un concours connu de sa part à un si grand et si désirable évènement. M. de Urquijo, d'abord indifférent sur des indices de rapprochement avec une Puissance dont les bonnes ou mauvaises dispositions ne peuvent ni servir ni nuire à l'Espagne, a paru sentir vivement l'importance que les circonstances actuelles donnaient à un changement de rapports avec la Russie. Il s'occupe, dans ce moment-ci, à rédiger des instructions pour M. O'Farill, qui recevra bientôt l'ordre de rechercher le ministre russe et de tout employer pour traiter de la paix, sous cette condition expresse que le Roi persiste dans le refus de reconnaître Paul I comme grand maître de l'Ordre de Malte. M. de Muzquiz sera chargé de me communiquer ces instructions, avant de les expédier à Berlin.

M. de Muzquiz est blâmé par sa cour pour sa mesquinerie et sa vie solitaire. On lui écrit pour lui demander si, comme il en a eu l'ordre, il a donné une fête à Madame Bonaparte, et il reçoit l'injonction formelle d'en donner de brillantes au Premier Consul aussitôt après son retour d'Italie.

L'amiral Mazarredo blâme hautement l'expédition de Brest.

Le cit. Alquier renouvelle les assurances du dévouement de M. de

---

[1] Cet agent, dont les papiers ont été publiés par ordre du gouvernement consulaire, avait organisé une sorte de contre-police ; il communiquait avec le comité royaliste qui, sous la direction du chev. de Coigny et de M. Hyde de Neuville, se tenait à Paris en correspondance avec le comte d'Artois. M. Dapérou, arrêté à Calais le 24 mai, avait réussi presque aussitôt à s'évader (Cf. *Corr.* n° 4890). Repris le 13 juin et amené à Paris, il fut enfermé au Temple. Ses révélations le firent mettre en liberté, le 20 août 1802.

Urquijo à la France. Il impute cette disposition, qu'il croit franche, à l'attachement et à l'admiration vraiment sincères que le Roi ne cesse d'exprimer pour le Premier Consul. Un autre motif, qui semble plus déterminant encore, est la persuasion dans laquelle est M. de Urquijo et qu'il n'a pas su cacher, que des plaintes du Premier Consul, adressées au Roi, entraîneraient infailliblement sa disgrâce, et qu'elle serait sans retour.

Le cit. Alquier donne, dans sa lettre qui est chiffrée, l'explication de tout ce que celles qui ne le sont pas renferment d'insignifiant et de minutieux relativement aux détails personnels de la Reine, du Roi et de ce qui les entoure. Ses lettres sont ouvertes au bureau de Vittoria et transcrites pour être mises sous les yeux du Roi. Il a cru ne pas devoir laisser échapper cette occasion de faire parvenir des témoignages flatteurs, qui peuvent produire un bon effet, et quelquefois des renseignements capables d'éclairer le Roi sur les hommes qui lui donnent de bons conseils et sur les intrigues dont on l'obsède.

Puisque M. de Urquijo est occupé de la rédaction de ses instructions à M. O'Farill, le cit. Alquier ne peut recevoir à temps celles que je pourrais lui donner sur cet objet : mais elles me seront communiquées ; et j'aurai soin de les faire modifier, de manière à ne laisser à l'Espagne que le genre d'intervention qui lui convient. Les ministres espagnols peuvent intervenir pour renouer les liens diplomatiques que la guerre a rompus ; mais la paix doit être l'ouvrage et la gloire de la France seule et du Premier Consul.

XLVIII

Paris, 7 messidor (26 juin).

Général, vous aurez remarqué le dernier alinéa de l'extrait de Berlin. Le cit. Beurnonville savait qu'un courrier de Vienne était arrivé au gouvernement prussien. Il se trouvait instruit que ce courrier apportait communication des propositions faites par le Premier Consul à S. M. Impériale ; mais, ce qu'il n'a point su, c'est que cette communication était accompagnée d'une déclaration assez remarquable. Le Directoire batave, qui en a eu connaissance, vient d'en donner avis par courrier extraordinaire à son ambassadeur, qui s'est empressé de m'en transmettre la nouvelle.

La cour de Vienne annonce que, pour prouver à quel point elle est éloignée de toute ambition personnelle, elle est prête à donner communication des propositions de paix qu'elle a reçues du gouvernement français ; que par ces propositions le général Bonaparte a fait connaître une partie de ses intentions, et qu'il lui a déjà été répondu que la cour de Vienne ne pouvait négocier sans la participation de ses alliés. La cour de Vienne déclare encore qu'elle ne se prêtera point à une négociation séparée; que même elle aura égard, par rapport au rétablissement de la paix, non seulement aux Puissances qui lui sont alliées, mais encore à celles qui, sans être positivement dans ce cas, auraient des intérêts analogues ou communs aux siens, et « qu'il n'y a qu'une circonstance majeure, impossible à prévoir, qui pourrait la forcer de tenir une conduite différente. »

Ici, les dates sont à remarquer. C'est le 7 juin : 18 prairial, que la susdite déclaration est arrivée à Berlin. C'est le 14 prairial (3 juin), dans la soirée, que le courrier est parti de Vienne ; c'est donc dans la même journée, ou la veille, que la détermination du Cabinet a été prise; et à cette époque on ne connaissait point encore à Vienne les premiers succès de l'armée de réserve en Italie. On y pouvait ignorer jusqu'au passage entier des Alpes ; on se confiait sur l'armée de Melas et sur la prochaine capitulation de Gênes ; on croyait n'avoir de sujets d'inquiétude qu'en Allemagne [1], et comme c'étaient les moins sensibles, on pouvait faire montre de courage.

La question est donc de savoir si la bataille de Marengo et l'évacuation de l'Italie occidentale seront considérées à Vienne comme une « circonstance majeure » et modifieront les intentions annoncées.

J'ajoute que la cour de Vienne devant supposer que nous agissions à Berlin pour lier quelque partie avec la Prusse, peut-être avec la Russie, a pu croire qu'elle entraverait nos démarches en communiquant celles que nous avions faites auprès d'elle. Mais comme nous n'avons jamais rien nié à cet égard, les communications de l'Autriche pourront manquer leur but.

P. S. — Vous avez paru désirer que le cit. Serbelloni se rendît à Milan [2]. Depuis quelque temps il m'avait exprimé le même vœu. Il part après-demain. Il m'a demandé un passeport et une lettre pour vous, général. Je lui donnerai volontiers ce témoignage de l'estime que m'a inspirée pour lui le dévouement sincère qu'il a toujours montré pour son pays et pour le Premier Consul.

Ci-joint les extraits de correspondance.

XLIX

Correspondance extérieure du 7 messidor (26 juin).

Berlin, 24 prairial (13 juin). — Le lendemain du jour de l'arrivée

---

[1] Allusion à la marche de Moreau.
[2] M. Serbelloni avait été ministre plénipotentiaire de la République cisalpine en France, et continuait à prendre ce titre. Il quitta Paris à la fin de juin.

du roi à Charlottenbourg, M. de Haugwitz eut une conférence avec lui; et le général O'Farill ayant été voir le ministre prussien et lui faisant observer combien les circonstances devenaient favorables pour la Prusse si elle voulait prendre le rôle qui lui convenait, M. de Haugwitz s'est renfermé dans ses réponses ordinaires : « Il fait des vœux pour le triomphe de la République. Il regarde la diversion opérée par le Premier Consul comme un de ces coups audacieux qui caractérisent le génie, et il ne doute pas de son succès. Il se réjouira que la France obtienne la rive gauche du Rhin : c'est l'intérêt de la Prusse que la France soit forte ; mais ce même intérêt veut d'un autre côté que la Prusse conserve l'estime de l'Empire, et elle la perdrait si elle en proposait le démembrement. »

Sur la question d'une Neutralité armée du Nord, M. de Haugwitz pense qu'elle est utile, possible, même probable ; mais il persiste à nier que jusqu'à présent elle ait été proposée par la Russie.

Le général Beurnonville regarde comme un point décidé, qu'on attendra à Berlin le déroulement complet des événement qui se préparent, sans vouloir faire un seul pas pour en déterminer le cours ; et que, quand même ils entraîneraient des résultats fâcheux pour la Prusse, tels par exemple que l'agrandissement tant redouté de l'Empereur, il est vraisemblable qu'on se bornerait à quelques témoignages de mécontentement, et qu'on se garderait bien de seconder la Russie, en cas que cette Puissance fût capable de se porter à un éclat contre l'Autriche.

Le prince Henri est à Berlin depuis quelques jours. Ce voyage est un tribut annuel que le prince paie à un reste d'ambition, toujours sans effet mais toujours subsistant. Ses sentiments pour la France n'ont fait que prendre une nouvelle chaleur. Il s'exprime, ainsi que son frère le prince Ferdinand, sur le Premier Consul, avec une admiration vive et sentie. Il persiste dans son ancienne idée qu'il conviendrait de former une association des princes de l'intérieur et du midi de l'Allemagne sous la protection de la Prusse. Il a communiqué ses idées au Roi, et au ministre ; car il paraîtrait qu'il y a eu un rapprochement opéré par les soins du Roi entre ses oncles et son ministre. Toutefois il y a peu de résultats à en attendre.

Le comte d'Allet a raconté que, dînant chez M. de Hardenberg avec M. de Haugwitz, ce dernier a dit que la cour de Vienne avait communiqué à celle de Prusse, par courrier extraordinaire, les propositions de paix du Premier Consul[1].

---

[1] La minute contient ici le passage suivant, qui a été effacé : « J'en serais peu surpris. La cour de Vienne, qui doit supposer que nous travaillons à Berlin pour approcher de la Russie, et pour amener ces deux cabinets à partager nos vues, n'aura pas trouvé [d'autre moyen] de détourner l'effet de nos démarches,

Altona, 27 prairial (16 juin). — Cette dépêche ne renferme absolument rien qu'il soit utile de transmettre au Premier Consul. Les bruits sur la quadruple alliance du Nord se soutiennent; mais on n'en est plus à la certitude.

Dumouriez est chaque jour oublié davantage.

Cassel, 22 prairial (11 juin). — Le cit. Rivals mande de Cassel que le gouvernement anglais refuse de faire ramener les Russes dans leur pays[1], prétendant que leur rappel est une violation du traité conclu avec Paul I, et que c'est à ce prince à fournir aux frais de leur transport.

Le landgrave est à Wesel. M. de Waitz est à Berlin[2].

Dresde, 23 prairial (12 juin). — Le baron de Krüdener a été présenté le 19 prairial (8 juin), comme ministre de Russie; il est reparti pour Berlin deux jours après, laissant, à Dresde, M. de Buzov comme chargé d'affaires.

On ne reçoit plus de nouvelles des armées, à Dresde, que par les gazettes de Paris. Celles d'Allemagne sont tellement chargées de mensonges, qu'on doit croire le contraire de ce qu'elles annoncent.

L

Paris, 13 messidor (2 juillet).

Général, j'ai l'honneur de vous adresser une dépêche que je viens de recevoir du cit. Reinhard. J'y joins la copie de celle qu'il vous a probablement adressée en Italie et que je suppose ne vous être pas encore parvenue. Vous verrez que les intrigues auxquelles votre passage en Italie semblait avoir mis un terme, se renouvellent et se reproduisent sous leur forme accoutumée.

LI

11 messidor (3 juillet)

Helvétie. — A l'époque du départ du Premier Consul pour l'Italie, la République helvétique était extrêmement agitée. Le gouvernement était menacé, l'opposition ne gardait aucune mesure; on parlait hautement d'une constitution nouvelle et de la nécessité du renouvel-

---

que de rendre la Prusse et par elle la Russie [informée] des propositions directes que nous lui avions déjà adressées. C'est ce qu'elle a fait avant le traité de Campo-Formio; c'est ce qu'elle fera toujours. Nous nous trouverons bien de n'en avoir jamais imposé là-dessus. Je ferai ces observations au général Beurnonville. »

[1] Le corps russe, stationné à Jersey et à Guernesey.

[2] M. de Waitz était parti pour Berlin le 21 mai. Il revint à Cassel vers le 24 juin.

lement de toutes les autorités; les Conseils et la Commission provisoire étaient en guerre ouverte. Au sein de cette lutte, l'ascendant du ministre de la République était le seul frein qui contînt l'impétuosité d'un parti, et le seul ressort qui ranimât la confiance et les espérances de l'autre. Cet ascendant s'affaiblissait tous les jours, parce que la politique ne voulait pas qu'il se prononçât trop; et, à mesure qu'il perdait de sa force, celle des factions s'accroissait progressivement et conduisait par degrés la malheureuse Helvétie vers une dissolution inévitable et prochaine. Le passage du Premier Consul a changé en un instant cet état de choses. Le ministre de la République a été autorisé à faire connaître son vœu; il a parlé, en son nom, de la nécessité de tout ajourner et de s'entendre pour la défense commune, et tous les esprits se sont aussitôt ralliés; l'effervescence des Conseils s'est calmée, la Commission exécutive a repris toute l'influence et toute la consistance dont elle avait besoin pour gouverner. Depuis ce moment jusqu'au retour du Premier Consul, la correspondance du ministre de la République en Helvétie ne présente, comme l'histoire de tous les peuples tranquilles, qu'un tableau sans mouvements, des évènements sans éclat, des incidents sans intérêt.

Cependant il semblerait, par la dernière lettre que je reçois du cit. Reinhard,[1] que l'esprit d'agitation qu'on croyait éteint n'était que comprimé, et que l'éloignement des armées et celui surtout du Premier Consul ont paru offrir aux factieux une occasion favorable pour recommencer le cours de leurs déclamations et de leurs intrigues. Une lettre attribuée au secrétaire de la commission exécutive, et qu'on donne pour avoir été écrite au ministre Jenner, a été supposée, ou par les amis de l'ancien Directoire, ou par l'ex-directeur Laharpe qui l'a adressée aux Conseils comme une découverte. Elle forme le texte d'une accusation dans laquelle la Commission exécutive et le ministre Jenner sont travestis en traîtres à leur patrie: on y parle incidemment de la connivence de mon ministère et des sommes d'argent qui ont dû m'être livrées; on y parle du soulèvement du peuple, de la dissolution des Conseils et des instigations de l'Angleterre. Ces détails ne présentent, et dans le fond et dans les formes, qu'un tissu de déraison, d'invraisemblance et de mauvais goût tellement absurde, qu'il est impossible qu'ils fassent une seule dupe en Helvétie; et, avec quelque transport qu'ils aient été accueillis dans les Conseils, ils ne changent rien à l'opinion que je me suis faite de la tranquillité de ce pays.

Il n'existe pas en Suisse un homme qui ne regarde cette lettre comme supposée: la Commission exécutive, le cit. Reinhard et les chefs mêmes

---

[1] Dép. de Reinhard du 10 messidor (29 juin).

du parti agitateur en sont convaincus. Le ministre Jenner déclare qu'il n'a jamais été en correspondance avec le cit. Mousson, qu'on suppose signataire de cette lettre ; et la réputation qu'a ce dernier d'être homme d'esprit et homme bien élevé est trop en opposition avec l'absurdité et le mauvais ton de sa prétendue lettre, pour qu'on puisse avec quelque vraisemblance la lui attribuer.

J'écrirai au cit. Reinhard que le seul moyen de donner quelque consistance à d'aussi misérables menées, serait celui de sévir contre leurs auteurs ou de descendre à des réfutations sérieuses contre leurs calomnies. Il ne faut opposer que le mépris à de telles manœuvres ; et les hommes qui les ont conçues, et ceux qui ont entrepris de les défendre, en sont déjà au regret d'avoir affiché tant de crédulité et tant de bassesse.

Le simple bon sens doit indiquer à la Commission exécutive et au ministre de la République la conduite qu'ils doivent tenir. J'ai tout lieu de croire qu'avant que j'aie pu faire connaître au cit. Reinhard l'impression que cette vile intrigue a faite sur l'esprit du Premier Consul, l'indignation et le mépris du public en auront fait justice, et que le gouvernement provisoire ne croira pas devoir punir autrement ses auteurs, qu'en les abandonnant à la honte de s'être dégradés à leurs propres yeux, et d'avoir déshonoré leur parti aux yeux de l'opinion publique.

Espagne. — Le tableau de l'Espagne ne présente pas d'amélioration, relativement à son état intérieur. Il paraîtrait, au contraire, que sa situation se détériore sous le rapport de ses finances : son crédit diminue dans une progression effrayante ; les *rales* se déprécient de jour en jour. Elle craint, comme une calamité, que les galions qu'elle attend avec la plus vive impatience, ne soient interceptés. Cette Puissance est certainement celle de toute l'Europe qui, indépendamment du danger que courent ses possessions lointaines, a, relativement à la disproportion de ses moyens et de ses dépenses, le besoin le plus pressant de la paix.

Le tableau de l'Espagne, sous le point de vue de ses rapports avec nous, s'est sensiblement amélioré. L'ascendant du Premier Consul y prend tous les jours de nouvelles forces. La cour l'a suivi dans son voyage en Italie, dans son prodigieux passage au travers des Alpes, dans le cours de ses triomphes, avec des sentiments qu'on pourrait dire français. Le Roi s'en est exprimé plusieurs fois publiquement, de la manière la plus franche.

Depuis le départ du Premier Consul, l'ambassadeur de la République a été chargé de différentes demandes : le ministère a déféré à toutes avec empressement. Il a donné des ordres pour une expédition à Malte ; il a donné des instructions pour une négociation relative à la possession de cette île, à M. le duc de Frias, ambassadeur à Lisbonne. Cette mesure n'a pas eu de succès ; mais la négative du ministre anglais rejette sur son gouvernement le tort du refus, et laisse au Premier Consul l'avantage d'avoir mis en avant une offre généreuse. Le ministère espagnol s'est encore prêté, avec quelque désintéressement, à une négociation financière, provoquée par le ministre de la marine, pour procurer des fonds à l'administration coloniale de l'île de France : cette affaire n'est pas entièrement terminée ; mais son terme ne tient qu'au retour d'un courrier de M. de Muzquiz, qui doit arriver dans peu de jours.

Je n'ai pas trouvé moins d'empressement et de zèle dans M. de Labrador, ambassadeur d'Espagne auprès du Pape. Au passage de ce ministre, j'ai cru devoir l'entretenir des vues de pacification et de concorde religieuse du Premier Consul. Je lui ai dit que la France ne voulait point l'abolition de la puissance séculière du prince de l'Eglise, ni celle de sa suprématie spirituelle ; qu'il existait en France un clergé romain auquel le gouvernement de la République consentait à accorder toute la latitude de tolérance qui était nécessaire à son organisation sans compromettre celle de l'Etat ; qu'on n'exigerait de lui aucun serment ; mais qu'on attendait de Sa Sainteté qu'il exhorterait le clergé qui lui était soumis à l'obéissance ; qu'il lui inspirerait des vues de modération et de concorde à l'égard des prêtres qui avaient prêté des serments, qu'on n'exigeait plus aujourd'hui ; et qu'enfin il donnerait son approbation à toutes les lois fiscales et politiques que l'Assemblée Nationale avait portées sur le clergé, en exceptant seulement la partie de ses dispositions pénales, auxquelles la modération et la justice du nouveau gouvernement venaient de mettre un terme. M. de Labrador a parfaitement senti la justesse de ces observations. Il s'est chargé de les exposer au Souverain Pontife, et de les faire valoir par toutes les considérations qui peuvent, dans les circonstances présentes, ajouter à leur force. Je ne doute pas qu'il ne s'acquitte de cette commission avec zèle, et j'espère qu'il ne la remplira pas sans succès [1].

Ces preuves d'un bon accord constant entre l'Espagne et nous viennent des différentes impressions qui, en Espagne comme ailleurs, agissent comme causes des dispositions qu'on nous montre. L'une de ces impressions est indubitablement due à l'effet moral que produit sur les esprits le caractère du Premier Consul : vient ensuite l'impulsion de l'intérêt politique ; mais cet intérêt se présente encore ici sous un jour qui semble en modifier la personnalité. On voit clairement que la cour d'Espagne, en réclamant pour elle, demande et n'exige pas : on voit

---

[1] La dépêche de M. de Labrador rendant compte à sa cour de cet entretien avec Talleyrand, a été publiée dans le t. I des *Doc. sur la négociation du Concordat* (pièce n° 15).

encore qu'elle espère et qu'elle se confie. En butte à tous les cabinets de l'Europe, dont les moins malveillants traitent d'apostasie son alliance avec la République, elle sent qu'elle et sa famille n'ont d'autre appui que les bonnes dispositions de la France, et elle cherche toutes les occasions de cultiver ces dispositions.

Je ne placerai pas dans ce court résumé, mon opinion sur le rôle individuel des personnes qui, en Espagne, peuvent influer dans les déterminations politiques. Quel que soit le but personnel auquel elles tendent, leur conduite sera toujours subordonnée aux évènements. Or, comme les évènements font prévaloir nos rapports en Espagne, et les font prévaloir ailleurs, le caractère, l'ambition, les opinions de tel ministre ou de tel favori sont des incidents de peu d'importance. Leur conduite est la seule chose qui doive être appréciée; et, dans le cours que le génie et la fortune du Premier Consul font prendre aux évènements, la conduite de tous les hommes d'État de l'Europe est à peu près susceptible d'être soumise à un calcul rigoureux.

Turquie. — Nos rapports avec la Turquie sont encore une fois changés, comme le Premier Consul l'avait prévu. Les hostilités se sont renouvelées; la convention d'El Arich a été violée; et, dans l'ignorance où nous sommes des évènements ultérieurs, on ne peut dire si la voie des négociations a été rouverte, ou si l'état de guerre subsiste encore entre la Porte et nous. Dans le doute, j'ai pensé qu'il convenait d'envoyer, selon le premier plan qui en a été présenté au Premier Consul, des commissaires à Constantinople avec des instructions éventuelles. J'attends ses ordres pour lui présenter le projet de ces instructions, et la nomination de ceux qui doivent les exécuter.

J'ai fait partir, selon les intentions du Premier Consul, un négociateur pour traiter avec les États barbaresques : il s'est embarqué à Marseille[1] pour Barcelone. J'ai lieu de croire qu'il est parti de ce dernier port. Nous ne tarderons pas, je pense, à être instruits de son arrivée auprès du dey d'Alger.

LII

Rapport (Premiers jours de juillet).

Ce rapport a pour objet de présenter au Premier Consul un résumé succinct des modifications qu'ont pu éprouver pendant son absence les relations extérieures de la République. J'aurai soin d'y relater et les directions que j'ai reçues de lui, et ce que j'ai fait en conséquence.

La Russie. — Le mécontentement de la Russie contre l'Autriche et l'Angleterre paraît arrivé au plus haut point. Il n'est question dans le Nord que d'une quadruple alliance dont l'empereur russe aurait conçu le projet [1]. Suivant l'opinion commune, elle serait dirigée particulièrement contre l'Angleterre, mais quelques personnes paraissent craindre qu'elle ne fût pas plus favorable à la République, qu'on voudrait forcer à rentrer dans ses anciennes limites. Ce que je suis fondé à croire, c'est qu'il n'y a rien d'arrêté, de conclu, de prêt à l'être, et que le projet, s'il existe, doit rencontrer encore de grandes difficultés.

Conformément aux intentions du Premier Consul, j'ai dû m'occuper des moyens d'arriver à quelque connaissance directe des dispositions de l'empereur de Russie; d'autant que la cour de Prusse, qui s'était chargée de tenter un rapprochement, n'y met que peu de zèle. A cet effet, j'ai fait écrire à Victor Caraman, dont je sais que la position est bonne à Pétersbourg, pour l'engager à nous servir. Je lui ai donné l'espérance que ce qu'il ferait pour nous, serait utile à sa famille et à lui. J'attends l'effet de cette première mesure. De plus, j'ai fait proposer à un gentilhomme suédois, le chev. de Rungé, qui a épousé une française et qui est un homme sûr, de faire une course en Russie pour s'y occuper d'une série de questions que je lui ai transmises. Il est en ce moment à Hambourg : j'aurai incessamment sa réponse. C'est tout ce que j'ai pu faire ; car il règne encore trop d'incertitude sur les dispositions de Paul I, pour essayer de faire pénétrer en Russie un Français avoué. Nous n'avons pas connaissance qu'aucune des mesures de rigueur qui avaient été ordonnées contre eux, ait été révoquée.

La Suède. — Il paraîtrait que la Suède entre vivement dans les projets de Paul I; elle a contre l'Angleterre des griefs personnels, dont elle n'a pu obtenir aucune réparation. Cependant nous ne voyons pas qu'elle s'empresse de se rapprocher de nous. Depuis l'espèce d'insinuation qu'avait faite M. de Löwenhielm et à laquelle nous avions si promptement répondu, aucune démarche n'a été faite pour renouer les rapports mutuels. J'ai attribué ce retard à la tenue de la Diète, le roi de Suède ne se souciant point d'avoir pendant sa durée un ministre français résidant près de lui. Mais la Diète va se séparer [2]; et, si nous ne recevons pas quelque nouvelle avance de la part de la Suède, comme nous ne pouvons douter qu'elle ne soit exclusivement soumise à l'influence de la Russie; ce sera un indice que cette influence ne nous est pas favorable.

Le Danemark. — Nous avions pu en tirer déjà un de la conduite du Danemark. C'était par suite de ses ménagements pour la Russie que

---

[1] Elle a été réalisée les 16 et 17 décembre 1800 à Pétersbourg.
[2] La Diète suédoise, tenue à Norköping, s'était séparée le 15 juin.

la cour de Copenhague avait éloigné M. de Dreyer et se dispensait d'avoir un ministre à Paris. J'en ai souvent témoigné mon étonnement à M. de Manthey, qui était resté ici chargé d'affaires. Je n'ai pas négligé de lui faire sentir que les affaires de prises auxquelles le Danemark a intérêt, ne manqueraient pas de souffrir de ce refroidissement ; et, soit effet de mes insinuations, soit tranquillité du côté de la Russie, j'apprends que M. de Dreyer a ordre de revenir à Paris pour y reprendre le caractère et les fonctions d'envoyé extraordinaire : M. de Manthey m'en a donné l'assurance. Je pense donc qu'il est convenable d'autoriser le cit. Bourgoing à se rendre à Copenhague.[1] Sa présence dans cette ville sera utile, et pour connaître la véritable intention de ceux qui pressent l'alliance des États du Nord, et (si cette intention nous est favorable), pour stimuler le gouvernement danois à prendre une part active aux vues et plans de la Russie.

La Prusse. — Ce n'est pas pendant la courte absence du Consul, que la politique de ce cabinet a dû éprouver le moindre changement. Toujours la même inertie, le même désir de se soustraire à tout engagement qui pourrait présenter, n'importe dans quel éloignement, la probabilité d'une querelle. Aussi, suis-je porté à croire que si l'empereur de Russie a effectivement conçu le projet de réunir le nord de l'Europe pour influer sur la pacification, c'est à Berlin qu'il trouvera plus d'obstacles. De même qu'il n'a point été possible, malgré les préventions portées au plus haut point contre nous, de faire entrer la Prusse dans la dernière Coalition, de même elle s'attachera à ne point se compromettre vis-à-vis de l'Autriche ou de l'Angleterre, et M. de Haugwitz ne manquera pas de ses moyens accoutumés pour éluder toutes les propositions qui seront faites[2].

Le général Beurnonville continue à recevoir, à Berlin, les marques les plus particulières de considération et d'égards. Mais, s'il est vrai qu'une déclaration ait été faite récemment par la cour de Vienne à celle de Berlin, et que le ministre de la République n'en ait point été averti, il faut convenir qu'il y a, dans la bienveillance qu'on lui montre, plus d'apparat que de véritable confiance.

Hambourg. — Le gouvernement hambourgeois persévère dans l'espoir d'obtenir grâce, gratuitement, et sans se mettre en peine de rendre aucun service à la République. J'ai cependant eu soin qu'il fût bien assuré que ses torts[3] ne seraient pas si légèrement oubliés, mais en même temps, j'ai pensé qu'il ne convenait pas à la dignité de la République de

---

[1] Le 2 juillet, Talleyrand a écrit en effet à M. Bourgoing de se tenir prêt à partir pour Copenhague.

[2] Voir *Corr. de Nap.*, nos 5029 et 5047.

[3] Voir *Corr. de Nap.*, no 4070, etc.

provoquer elle-même aucune expiation, et qu'il fallait l'attendre. Ce qui maintient cette ville dans son impénitence, c'est l'appui secret de la Prusse, et l'embarras où nous sommes de lui faire aucun mal, sans que les mesures qui seraient prises à cet égard n'affectent notre propre commerce.

La Saxe. — La cour de Dresde n'est pas moins stérile en observations qu'en évènements. Elle tient à l'Autriche par ses affections, à la Prusse par sa politique. La seule affaire qui paraisse occuper l'électeur, et qui n'est pas pour lui sans embarras, c'est le mariage de sa fille. Le cit. Lavalette se trouve donc sans grande occupation à Dresde. Je lui avais fait connaître dans le temps les vues du Premier Consul par rapport aux négociations avec Vienne; je viens pareillement de l'instruire [1] de la démarche directe que le Premier Consul a faite [2] et qui pourrait donner aussi un cours direct à la négociation.

Hesse-Cassel. — Le landgrave est tellement subordonné à la politique du cabinet prussien, qu'il n'y a absolument rien, ni à faire chez lui, ni à dire sur son compte. Tous les petits Etats d'Allemagne ne rentreront en scène que quand il s'agira de régler les intérêts de l'Empire, et ils ne deviendront quelque chose qu'autant qu'on parviendra à les unir ensemble. C'est le vœu du landgrave, qui espère jouer un rôle dans cette association.

Bade. — C'est aussi le vœu du margrave de Baden, qui espère y trouver de la force, et qui mérite bien en vérité que la France s'occupe de lui. Le cit. Massias n'a pu encore se rendre à Carlsruhe [3], où il est annoncé et attendu, parce que des partis autrichiens remplissaient le margraviat. Il est à Strasbourg, se préparant à joindre le prince aussitôt qu'il sera possible.

Allemagne intérieure. — Je comprends sous ce titre la Franconie, la Souabe, la Bavière, pays qui sont aujourd'hui le théâtre de la guerre, et dont je ne parle que pour rappeler au Premier Consul que je n'ai pas cessé de lui faire connaître que cette partie de l'Allemagne était aussi le foyer des intrigues de l'Angleterre. C'est là qu'elle recrute et soudoie des princes ; c'est là que M. Wickham prépare tous les complots dont il se flattait de fatiguer la République. Comme le Premier Consul ne m'a point mandé ce qu'il pensait des notions que je lui avais transmises, je juge qu'il aura fait prendre par le département de la Police les me-

---

[1] Dép. de Talleyrand, du 13 messidor (2 juillet).

[2] La lettre que le P. Consul avait écrite, du champ de bataille à Marengo, à l'Empereur (*Corr.*, nos 4914 et 4911), et qui a provoqué la mission de M. de Saint-Julien à Paris.

[3] M. Massias, nommé le 8 janvier pour représenter la France dans le cercle de Souabe, ne put arriver à Carlsruhe que le 3 août.

sures qui pourraient servir à dévoiler entièrement toutes ces intrigues[1].

Je dois relater dans ce paragraphe, qu'en conséquence des intentions du Premier Consul, j'ai fait rédiger deux lettres destinées à être répandues en Allemagne pour y dévoiler les vues de l'Autriche[2], et que je les ai transmises au cit. Bacher, qui se chargera de leur donner de la publicité.

République batave. — Quand le Premier Consul est parti, la malveillance, les contrariétés, les tracasseries étaient portées au plus haut point en Hollande, et il était triste de prévoir qu'on pourrait bientôt se voir forcé de prendre quelque résolution sévère à l'égard de ce pays. J'avais même été informé par le cit. Sémonville qu'un vaste complot paraissait formé pour expulser les Français de la Batavie; mais j'avais bien pensé que, si ce projet avait été conçu, son exécution ne serait osée qu'autant que la République serait occupée d'autre part par des revers ou des troubles internes. Mais la sécurité intérieure étant parfaitement établie et les armes françaises ayant partout triomphé, on pouvait s'assurer que les malveillants de la Batavie rentreraient dans le silence. En effet, les dernières demandes faites au nom du Consul ont obtenu tout accueil. Les sept mille hommes ont été accordés, et la joie publique qui a été manifestée à la Haye à l'occasion des évènements d'Italie a eu trop d'éclat, pour n'avoir pas quelque franchise.

Cependant (il faut le dire) elle dérive moins d'attachement à la France, que de l'espoir de la paix, et la paix est pour la Batavie un besoin si pressant, un désir si exclusif qu'elle ne cesse de demander qu'on la rende neutre. Cette question m'est présentée chaque jour par le cit. Schimmelpenninck. M. de Sandoz lui même m'en a parlé plusieurs fois.

Il est aussi un point particulier qui est l'objet des plus vives démarches. C'est l'affaire du *Canin-holm*. Tout le commerce de Bordeaux d'une part, le gouvernement batave de l'autre, interviennent avec ardeur pour presser la conclusion qui convient à chacun d'eux. Le Premier Consul a eu l'occasion de se convaincre que la question était vraiment délicate. Il avait désiré que la décision du Conseil des prises fût retardée : son vœu a été suivi. Cependant il faut un terme à ce procès. Trop d'intrigues sont en mouvement; trop d'argent est promis de chaque côté. Il peut en résulter du scandale; et si le commerce de Bordeaux réclame quelques égards, le gouvernement batave, qui vient de donner une preuve de dévouement, en mérite aussi. J'avais pensé qu'il serait à désirer que cette litigieuse affaire se terminât par un accommode-

---

[1] L'agence royaliste, dite de Souabe, a été dispersée et ses papiers ont été saisis à Baireuth, le 8 juillet de l'année suivante.
[2] Voir *Corr. de Nap.*, nos 4870 et 4963.

ment. J'avais engagé le consul Cambacerès à réunir les intéressés des deux parts, et à les presser de s'arranger ensemble. Un premier rendez-vous a eu lieu à cet effet ; mais il a été inutile. Un second, où il serait employé un peu d'autorité, pourrait tout terminer, surtout si le Premier Consul disait qu'il désire que l'affaire finisse à l'amiable, et le dit. Cambacerès me paraît disposé à l'accorder aux parties.

TABLEAU DES DÉPÊCHES MENTIONNÉES DANS LA CORRESPONDANCE
DE TALLEYRAND.

Berlin.

Le général de Beurnonville, envoyé extraordinaire et ministre plénipotentiaire. — *Prusse*, vol. 227.

6 floréal : 26 avril (nº 34, en chiffres)............	I
9 floréal : 29 avril (nº 35, en chiffres)............	IV
13 floréal : 3 mai (nº 36, en chiffres).............	VIII
16 floréal : 6 mai (nº 37, en chiffres).............	XIII
20 floréal : 10 mai (nº 38, en chiffres)............	XVIII
23 floréal : 13 mai (nº 39, en chiffres)............	XX
25 floréal : 15 mai (nº 40, en chiffres)............	XXIV
30 floréal : 20 mai (nº 41, en chiffres)............	XXVIII
4 prairial : 24 mai (nº 42, en chiffres)............	XXXII
7 prairial : 27 mai (nº 43, en chiffres)............	XXXIV
11 prairial : 31 mai (nº 44, en chiffres)...........	XL
24 prairial : 13 juin (nº 48, en chiffres)..........	XLIX

M. Bignon, premier secrétaire de la légation.

9 et 11 floréal : 29 avril et 1er mai (nº 11, en chiffres).	X

M. de Sandoz-Rollin, envoyé extraordinaire du roi de Prusse. — *Bailleu*, t. I, nos 331 et 332).

[Paris, 24 et 27 avril]....................	XXVIII

Berne.

M. Reinhard, ministre plénipotentiaire. — *Suisse*, vol. 472 et 473.

[1er prairial : 21 mai (nº 277)]..................	XXI
Bull. du 9 prairial (29 mai), annexé à la dép. du 12 prairial (1er juin)........................	XXXIII
14 prairial : 3 juin (nº 30).......................	XXXIII
19 prairial : 8 juin (nº 31).......................	XLII

Cassel.

M. Rivals, ministre plénipotentiaire. — *Hesse-Cassel*, vol. 16.

9 floréal : 26 avril (nº 218)....................	VII
23 floréal : 13 mai...........................	XXVI
1er prairial : 21 mai (nº 224)..................	XXXII
22 prairial : 11 juin (nº 225, en chiffres)........	XLIX

Copenhague.

M. Désaugiers (l'aîné), chargé d'affaires. — *Danemark*, vol. 176.

25 germinal : 15 avril (nº 17, chiffré en partie)....	I
[16] floréal : 6 mai (nº 20, en chiffres)...........	XIII
30 floréal : 20 mai (nº 22, en chiffres)...........	XXVIII

Dresde.

M. Lavalette, chargé d'affaires. — *Saxe*, vol. 74.

 [3 floréal (n° 17, en chiffres)].................... XII
 1ᵉʳ prairial : 21 mai (n° 21, en chiffres)............ XXX
 8 prairial : 28 mai (n° 22, en chiffres)............ XXXVII
 23 prairial : 12 juin (n° 24)....................... XLIX

Francfort.

M. Bacher, chargé d'affaires près la Diète. — *Allemagne*, vol. 701.

 4 floréal : 24 avril (n° 18)......................... I
 26 floréal : 16 mai (n° 19)......................... XXVI
 [20 prairial : 9 juin (n° 20)]...................... XLIII

Hambourg (et Altona).

M. Bourgoing (en mission temporaire). — *Hambourg*, vol. 115.

 8 floréal : 28 avril (n° 10)......................... I
 15 floréal : 5 mai (n° 12).......................... VII
 [19 floréal : 9 mai (n° 13, en chiffres)]............ XIV
 26 floréal : 16 mai (n° 15, en chiffres)............ XX
 29 floréal : 19 mai (n° 16, en chiffres)............ XXVI
 3 prairial : 23 mai (n° 17, en chiffres)............ XXVIII
 6 prairial : 26 mai (n° 18, en chiffres)............ XXX
 10 prairial : 30 mai (n° 19, chiffré en partie)..... XXXIV
 13 prairial : 2 juin (n° 20, en chiffres)........... XL
 27 prairial : 16 juin (n° 23, chiffré en partie).... XLIX

La Haye.

M. de Sémonville, ministre plénipotentiaire. — *Hollande*, vol. 604.

 [25 floréal : 15 mai (lettre particulière)].......... XIV
 27 floréal : 17 mai (n° 38)......................... XVIII
 3 prairial : 23 mai (confidentielle)................ XXIII
 10 prairial : 30 mai (n° 41)........................ XXX
 15 prairial : 4 juin (n° 42)........................ XXXVI

Londres.

M. Otto, commissaire pour l'échange des prisonniers de guerre en Angleterre. — *Angleterre*, vol. 593.

 [Note du 2 mai]..................................... XI
 [15 prairial : 4 juin (n° 10)]...................... XLI
 [15 prairial : 4 juin (n° 11)]...................... XLI

Madrid.

M. Alquier, ambassadeur. — *Espagne*, vol. 658 et 659.

 25 floréal : 15 mai (n° 29)......................... XXI
 13 prairial : 2 juin (n° 34 en chiffres)............ XLII
 13 prairial : 2 juin (n° 36)........................ XLII
 23 prairial : 12 juin (n° 43 en chiffres).......... XLVII

Laval. — Imp. et Stér. E. JAMIN, 8, rue Ricordaine.

www.ingramcontent.com/pod-product-compliance
Lightning Source LLC
LaVergne TN
LVHW020948090426
835512LV00009B/1762